美学通识讲义

赝品有艺术价值吗

【韩】 李海完◎著

程乐◎译

 中国出版集团 现代出版社

版权登记号：01-2022-2756

图书在版编目（CIP）数据

赝品有艺术价值吗：美学通识讲义 /（韩）李海完
著；程乐译 .-- 北京：现代出版社，2022.11
ISBN 978-7-5143-8486-4

Ⅰ.①赝… Ⅱ.①李…②程… Ⅲ.①美学-研究
Ⅳ.①B83

中国版本图书馆CIP数据核字（2022）第160578号

赝品有艺术价值吗：美学通识讲义

著　　者	［韩］李海完
译　　者	程　乐
责任编辑	赵海燕　王　羽
出版发行	现代出版社
通信地址	北京市安定门外安华里504号
邮政编码	100011
电　　话	010-64267325　64245264（传真）
网　　址	www.1980xd.com
印　　刷	三河市国英印务有限公司
开　　本	787mm×1092mm　1/32
印　　张	8.25
字　　数	118千字
版　　次	2022年11月第1版　2022年11月第1次印刷
书　　号	ISBN 978-7-5143-8486-4
定　　价	49.80元

从赝品到恐怖电影，艺术之外的创造性思维。

自然科学
Natural Science

数学、化学、
物理学、生物学、
天文学、工学、
医学

社会科学
Social Science

经营学、心理学、
法学、政治学、
外交学、经济学、
社会学

艺术
Arts

音乐、美术、舞蹈

美学
Aesthetics

人文学
Humanities

语言学、历史学、宗教学、
文学、考古学、哲学、美学

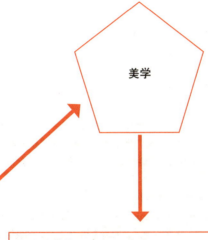

美学

何为美学（Aesthetics）？

　　这是一门从哲学上探索美与艺术的学问，其目标是积极地反省人类的价值和生活的意义，眺望文化和世界。通过艺术感性的自由和哲学思维的严谨性，追求理性和感性的协调是该学问最具魅力的特性。为了思考美与艺术、审美价值的本质，主要使用了哲学方法论，也运用了历史、心理学、社会学方法论。这门学问着重探索美学思想和理论，批评性地省察美术、音乐、戏剧、舞蹈、电影、摄影等艺术形式。

分析哲学（analytic philosophy）

20世纪初，英美主流哲学流派。以形式逻辑学和语言分析为中心，追求对概念的明确分析和合理论证。

"元（meta）"认知

辞典的意义为：超越或囊括某事物的范围或界限。这是哲学中经常使用的一种省察和反思的思维方式。如，用"什么是所谓的美"进行发问，而非使用"这个是美吗"的方式。

美的事物（the aesthetics）

作为美学所涉及的核心主题之一，它与"无功利性"的概念同时出现，是人类在感官维度上，对对象独特反应的相关领域，其典型例子是"美"。它常被活用在审美判断，判断并区别真假、对错，区别实用态度和审美态度，以及审美体验中。我们通常把艺术作品所具有的不实用的固有价值称为审美价值。

艺术价值

作为专业术语，而不是日常用语时，艺术价值意味着从专业角度对待作品时可以发现的价值。特别是，它与艺术品纯粹形式价值的审美价值不同，常被用来指代艺术固有的价值。当然，这与艺术具有的各种工具性价值有所区别。但也有学者并不承认这一点。

再现（representation）

不是指实际的对象，而是表示某种抽象意义上的替代物。由于可用文字或符号表达，所以在指代与特定对象相似的临摹画时，也会用"绘画再现"来加以区分。"绘画再现"类似于某种意义上的模仿，但这种再现并不是抽象意义上的。思考时浮现在脑海中的形象和符号具有同样的性质，这时用我们的话来说就是"表象"。

类型（type）和表征（token）

类型是指具有共同特征的事物所形成的种类。表征是某种类型具体展现的现象。例如，韩国国旗是与美国国旗相区别的类型，在这里包含了大小、材质不同的众多韩国国旗的表征。

命题（proposition）/ 非命题（non-proposition）知识

只有给出正当理由时，我们才会相信和了解诸如"韩国的首都是首尔"之类的真命题所叙述的内容。这就是命题知识。相反，"知道如何骑自行车""知道失恋的痛苦"等不能用语言表达所知道的内容，则被称为非命题知识。

悖论（paradox）

悖论，一般是指包含两个相反因素，使人难以理解或看似不可能的情况、陈述。如果不是修辞悖论，其余的悖论均需要合理的解决方法，而这个解决的过程，恰恰可以加深对问题本质的理解。

目 录

第三章　一个糟糕的笑话

—— 幽默中看艺术的道德价值

第四章　人们为什么会喜欢恐怖电影和让人害怕的事物？

—— 美学中的虚构和情感

美学和艺术之外

　　就像我们总习惯用食材的种类和烹饪方法来说明食物一样，学问也可以用相关问题领域和处理问题的方法论来进行描述。从这个角度来看，美学可以说是"用哲学的方法处理美和艺术问题的学问"。

　　美和艺术的哲学问题是什么？对此的介绍将成为美学入门，本书跟随思想史脉络，并以基本概念和主要哲学家的理论为中心展开。如果在这一过程中提到了某件艺术作品，那不得不说，这部作品一定是在艺术史上曾经留下过浓墨重彩的一笔。通常，这是大多数美学书籍的风格，但本书却要独辟蹊径。这是因为这本书选择的讨论素材属于艺术的边界，几乎没有用熟悉的美学理论进行讨论。这里要探讨的是赝品、情色、玩笑（有道德问题的劣质玩笑），以及以怪物登场的电影为代表的 B 级大众艺术恐怖片。我想用我所学习的哲学方式来进行讨论。

这本书并不是打着"没有边界""谁说是 B 级"等口号，提出对传统意义上被视为边界范围的东西，赋予其"文化"的主张。因此，在这本书讨论的背景中，我如实地反映了正统美学对美、艺术、感性等提出的一般问题。并将其中的一些应用到情色作品或恐怖电影等边缘地带。因此也有需要特别指出的地方，而且鉴于这种特殊情况，美学问题也变得更有争议。

这本书的目的，是通过这种方式展示处理一般问题和特殊问题的过程，以及美学主题是什么。所以本书是轻松地在外围挥动快拳的"外拳击"风格。这主要是由于本人内功不深，不能入木三分。

但也有可能会令一些读者不满——为什么一定要通过这些来讲述关于艺术的故事呢？"提到情色艺术，

居然是情色片""笑就行了，玩笑有必要计较和分析吗？"读者可能会产生这样的想法。但即便如此，稍微追根究底一下也没有什么不好。

例如，"艺术价值用什么标准来评价？"对于这样的问题，我想不会有很多人能轻易做出回答。但对于"与原作没有区别的赝品，它和原作具有同样的价值吗？"这个问题，很多人可能会比较自信地回答"不是"。为什么不是呢？理由妥当吗？在不回答第一个问题的情况下，如何知道第二个问题的答案是否正确？只有在这种情况下，我们才会想到艺术的价值在哪里。

"听说情色作品在伦理上有很多问题，应该加以限制，但是有什么特别的问题呢？在那之前什么是情色片？"当然，如果仔细分析一些理所当然的现象，就会产生看问题的全新视角。这本书经常提到悖论和谜题，这是为了检验以熟悉的事物为前提的常识和成见是否果真如此。

探究美和艺术相关问题时，根据不同的哲学方法论，美学可以呈现出完全不同的面貌。我研究的美学方法被称为分析美学，以英美分析哲学的态度和方式处理问题。很难简短地说明那是怎样的态度和方式。

但也可以说，这并不是把科学无法揭示的精神世界或超越真理的存在作为哲学成立的前提。相反，哲学包含着能让我们清晰思考的特性。因此，无论涉及的主题是什么，明确地分析相关概念，批判地检验继承下来的相关理论，这便是哲学的作用所在。不以武断信念来表达，而是用合理的论证来证明，追求用日常语言也能理解的说明。

用这种方法论，分析美学对与美和艺术相关的传统主题，例如艺术的本质和定义、艺术作品的存在论、表现和再现、意义的解释，以及最棘手的关于审美和艺术价值的问题，都会提出适当的问题并进行合理性的探讨。这类探讨也会在书中窥探到一二。

参与合理性讨论是需要批判、受到批评、说服的事情，因此与被充满魅力的洞察力所感动、一泻千里地裁剪世界的工作相比，速度缓慢，还花费精力。对于本来就不受欢迎的事情，如果再加上政治分派或文化上的虚荣等，合理讨论的立足之地将逐渐消失。但正因为如此，我们现在更需要这样的理由。

如果根据流行或需要，使用某物而后抛弃的这种行为被认为是不具合理性的话，"请不要相信，好好衡量一下再说吧"，这种分析哲学的学习风格对生活和学问还是有很大帮助的。从这一点看，分析美学的讨论，具有以常识的名义破除迷信的性质。分析美学的特点是，在微观问题中有时会迷失方向，有时会对没有展开的问题感到郁闷，但不会被特定理念束缚。希望本书能够传达分析和论证的琐碎乐趣。

仅凭"首家名讲"[①]的4次演讲讲义结集成书时，还有不少空白之处，因此动用了此前发表的论文，加强了结构和内容。

2019年9月还很热，有一天虽然下雨了，但仍然有很多前来听课的学员们，其中还包括我那没打招呼就来的侄子，在此对你们表示感谢。同时也很感谢"21

---

① 由韩国首尔大学教授主讲的网络讲座类课程。旨在让人们在未进入首尔大学的情况下，依然能听到名师讲座。——译者注

世纪books"帮我策划出版了这样漂亮的书。另外，我还要对参加"大众艺术的理解""艺术和价值""美学概论""现代英美美学"等课程的学生们，表示感谢。这本书里可能有他们在教室里听到或者发生的故事。这段时间以来，我的授课进度较为缓慢，这主要因为有越来越多的同学比以前更加努力地学习我讲的这门课，追求深刻的理解，我心甚慰。最后，要感谢一直支持我的妻子、两个女儿、母亲，还有远在天国的父亲。没有诸位的支持和关爱，这本书的出版也许会遥遥无期。谢谢！

李海完

2020 年 10 月

第一章 _____

赝品，

快走开！

但为什么呢？

—— 赝品

//////////

引发的哲学问题

在绘画中，赝品总是不如真迹吗？对于这个提问，需要我们先从两者的关系入手，进而找出在艺术本质和美学价值领域赝品给出的有关哲学问题的答案。接下来，让我们一起看看"假画"中究竟蕴藏了哪些关于美与艺术的问题？

通过赝品入门美学

美学，在"假画"中询问艺术

如果要讲述关于赝品的哲学问题，就有必要对起到入门作用的美学基本主题进行讨论。例如，真品和赝品，原件和复印件之间的关系。

有人认为，伪造的艺术产物绝不能称为艺术作品，这是常识。但为什么非得这么说呢？毕竟，伪造已故画家千镜子风格的画，也是一幅画啊。赝品具有成为一幅"画"的同等条件，却算不上是艺术作品，如果这被认定是常识的话，那么它究竟缺少了哪些成为艺术作品的条件呢？

为了回答这个问题，我们首先要知道艺术究竟是什么。在令我们困惑的现代艺术作品前，虽然经常会想起这个问题，但这个看似无可置疑的答案在某种程度上还是令人难以理解。"艺术是什么？"这是探究美和艺术本质的美学核心问题之一。如果对答案不加以限制，就无法消除我们认为"赝品不是艺术"的疑惑。

还有的人说："我并不觉得，伪造品不是艺术品，只是它的艺术价值远远低于真品罢了。"为此，我们必须以艺术作品的价值、如何评价为前提进行探讨。然而这一主题，在美学上归属于"始祖鸟"这类历史悠久的传统问题。

对于提出与上述相反主张的人来说，也需要知道艺术价值的前提。"一直以来，欺骗你的赝品和真品相比，究竟有何艺术价值差异？难道只是真品创作家的名字所附加的金钱价值差异？抑或只是庸人的事后药方而已？"对这种有些过激的观点，持支持或反对意见的人都应该了解一个问题的答案——艺术作品的价值取决于什么？所以说，在讲授美学或艺术哲学时，伪造品提供了一个很好的出发点。

但在这里，我们要谈论的是有关艺术本质和价值的相关问题，而非利用赝品招徕顾客后让其立即退场。我们要讨论的核心是赝品。如果不从美术事件或法律角度，而仅从美学视角看待这个问题，我们就必须在研究美学基本问题的同时，对其展开讨论。

想了解赝品，却以思考艺术本质作为开端，这种方式可能会让很多人不满，让人觉得，明明是件简单的事，却非要扯一些很难理解的玄学鬼话。

但希望大家不要有所误会。因为我选择用哲学方法论研究美学，所以对赝品的美学讨论必然伴随着对艺术本质和艺术品一般价值的讨论。

在黑暗的房间里找黑猫

用一句话很难说明白什么是哲学方法论，其原因在于，哲学设定的自身主要问题的领域非常特别。目前，哲学很难适用现有的特定方法论，如人类历史上自然科学确立的经验方法论等，因而它设定了自己的专门问题领域。当然，哲学的问题领域不是有限的。

其实，任何问题都是哲学问题。如果你从哲学的角度来看待事物，就需要对事物的概念和本质进行反思性的、批判性的、形而上的思考。所以，心理哲学与心理学不同，它是从不同的角度，对我们心灵和意识的本质进行提问的科学。科学哲学则是在不依赖科学方法的情况下，对何为科学本身进行提问。如此一来，就构成了数理哲学、社会哲学、政治哲学、教育哲学、语言哲学、艺术哲学。

从这个意义上说，既然社会科学可以对全球 BTS[①]综合征进行分析，那我们也可以对它进行哲学分析。从这个意义上说，对爱情、死亡、摇滚乐、体育、笑话、恐怖，甚至情色都可以进行哲学分析。当然，大多数传统哲学家都以存在、真理、人、认识、心灵、道德、正义、自由等主题为对象，展开反思性、批判性、形而上的思考。我想今后也会如此。

关于"哲学是什么"，有一个玩笑是这么说的，"哲

---

① 这里指韩国男子演唱组合"防弹少年团"。

学就是在黑暗的房间里找黑猫"。这句话之所以好笑，可能是因为接下来的比较。形而上学就是在黑暗的房间里找不存在的黑猫，科学就是在黑暗的房间里凭着闪光灯找黑猫，神学就是在黑暗的房间里找不存在的黑猫，还惊呼"我找到它了"！

不管是哲学还是形而上学，"在黑暗的房间里找黑猫"，最大的问题就是看不清楚。你甚至都不确定有猫。我们只能眨着眼睛，皱着眉头，盯着似乎有什么东西的方向，或者伸手去摸索。哲学问题的性质就是这样。

如果科学给我们一盏闪光灯，谁不想在灯光下准确地找猫呢？但我们不得不承认生活中的某些领域很难运用这种探索方式。比如，"正义是什么？""什么是有价值的生活？""如何活得像个人？"等等。这些问题与人类文化息息相关，不是只靠观察和实验积累信息就能找到答案的。而这些才是黑暗中真正的"黑猫"。

医生掌握医学知识，可以挽救很多生命。一个价值非凡且能干的医生为了做得更好，会通过实验和经验积累更丰富的知识，提高自身，来成为更好的医生。可是，如果这位模范医生突然问你："我究竟对人类的生活有什么价值？我应该不辞辛苦吗？"那么，我们能设计出什么样的试验，经过怎样的观察来回答这个问题呢？面对这样的问题，与只盯着看不清的黑猫的情况相似，不管他愿意不愿意，他都是一名哲学学者。

美和艺术也是不简单的"黑猫"。随着人们对文化力量越来越重视，对想象力、创造力，以及人的感性能力的关注，曾经生活中额外的装饰品，以及只停留在工具性效用领域的美和艺术，逐渐被认为是人性化的精髓和"完成型人类"的必备要素。美和艺术的地位似乎转移到了人类理解的核心上，而美学就是它们的哲学思维。好，现在让我们看一看，"假画"能告诉我们怎样的美与艺术吧！

时代的骗局，汉·凡·米格伦伪造维米尔画作的背后

我们将在后面简单地讨论赝品音乐，但首先，我们把赝品限定为典型的造型艺术，造型艺术中最常见的就是绘画。赝品的特点是什么？主要从两个方面来进行核心判断：从艺术或艺术史的层面来讲，赝品即作品的诞生被误导；从伦理上讲，赝品包含错误与欺骗的意图。所以，如果没有这种意图的介入，单纯的复印件可以与赝品区分开来。当然，如果考虑到作品起源被误导这一点，就可以将对赝品的讨论自然地扩展为关于复制的讨论。

例如，为防止名作遭到破坏，美术馆创作了仿造品，这种措施就可以完全与现代复印技术发展产生的"完美复制"相提并论。在这种情况下，欺骗的意图实际上是附带的，"知觉上无法识别的两个作品"才是哲学上值得关注的地方。这类作品包括《托马斯皇冠事件》（*The Thomas Grown Affair*，1999）、《神偷艳贼》（*Gambit*，2012）、《偷窃的艺术》（*The Art of the Steal*，2013）、《伪造者》（*The Forger*，2014）等在讲述伪造的电影中，经常出现的素材——"换画"的伪造。另外，我们接下来谈论的纳尔逊·古德曼

（Nelson Goodman）和阿瑟·丹托（Arthur Danto）所涉及的赝品也归属这一类型。

但现实中的赝品大都是在样式特征上模仿某位艺术家，而创造出的新作品。被人视为赝品的千镜子画家的《美人图》也是如此。很多人认为，该画是由 4 幅以上的真迹组成的新作品，尽管这种看法依旧存在争议。在这种情况下，"是否具有欺骗意图"就变成了判定是否为赝品的必要因素。也就是说，只要不假装是其他作家的作品，就很可能会被认为是具有千镜子风格的模仿品。此外，被称为历史上最著名的赝品事件——汉·凡·米格伦（Han van Meegeren）伪造约翰内斯·维米尔（Johannes Vermeer）画作，也属于这种样式的伪造。

汉·凡·米格伦是一位 20 世纪 30 年代的无名画家，他因伪造 17 世纪荷兰绘画大师维米尔的作品《戴珍珠耳环的少女》而闻名。维米尔的真品具有独特的构图和光线效果，精巧到让人们觉得，他能将画中主角描绘得如此详细，是因为在现实中确有其人，当然，答案是否定的。米格伦为了伪造这些优秀作品，经过多次练习，终于绘制成了赝品。其中最著名的作品是1936年的《使徒》（或叫作《以马忤斯的晚餐》）。《戴珍珠耳环的少女》曾一直被视为维米尔的主要作品之一，收藏于荷兰海牙的莫瑞泰斯皇家美术馆。

凡·米格伦的赝品事件之所以著名，是因为背后有很多有趣的故事。他在制作赝品时，进行了彻底的调查和实验。据说，17世纪使用的颜料，是按照特定的制作方式直接制作并使用的。为此，他特意买了17世纪一位无名画家的画，并在其画布上作画。因为如果对画布和颜料进行成分分析，若使用了在绘画原作之后出现的颜料，就会成为被判定为赝品的决定性证据，所以为了应对这种情况，精于算计的伪造者们，早早想好了对策。

据悉，韩国国内的伪造者为了弄到制作赝品所需的相应年代生产的纸张，还购买了能够准确确认出版年代的书籍，例如他们购买了20世纪40年代出版的日本书籍，剪掉其中没有印刷的页面，用于伪造李仲复原作的赝品。为了体现出油画颜料历经了300多年，凡·米格伦用特制的烤箱烘烤了画的表面，利用汽缸制造出了因岁月而产生的龟裂纹，还利用墨水伪造了灰尘。用心到这种程度，不能不说他是一名具有强大意志力和能力的骗子。

后来，他说出了自己制作赝品的动机："这是出于对难以评价其价值的现代抽象画的反感，以及那些给予此类作品高度评价的评论家们的鄙视。"虽然没有找到证明这种意图的确切证据，但在后面谈论的"凡·米格伦提出的两难境地"确实让评论家们惊慌失措。

但我们没有必要把他的骗局夸大或将其视为英雄。凡·米格伦之所以能够取得成功，评论家之所以没能做出正确的判断，其中一个重要原因在于，当时的欧洲无法进行充分的验证，而这恰恰是时代状况决定的。虽然从一开始就有专家提出《以马忤斯的晚餐》可能是赝品，但第二次世界大战时期，欧洲美术专家行动并不自由，而且荷兰想要保护本国文化遗产，也未轻易公开作品。

此后，凡·米格伦还伪造了维米尔多幅宗教画，但作为赝品的精巧程度似乎逐渐下降。其中的一幅《耶稣和通奸的女人》是纳粹将军戈林掠夺的占领地文物之一。第二次世界大战结束后，在对战时协助纳粹者的调查中，凡·米格伦也因涉嫌致使国宝级作品外流而身陷囹圄。煞费苦心的凡·米格伦不得不说出，这幅国宝级作品是他制作的赝品这一事实。

专家们认为，这幅作品不可能是赝品，而是凡·米格伦为了逃避罪责说的谎话，然而，最终科学分析结果表明，作品确实是赝品。其中一个证据是，凡·米格伦为得到 17 世纪的画布而购买的无名画家的画是假的，在那里检测出了 18 世纪中期才开始使用的颜料——钴蓝。

但是，前面提到的《以马忤斯的晚餐》这幅作品，专家们依旧意见不一，直至 1967 年，它才最终被确定是赝品。甚至有评论家主张，即使该作品是赝品也不应被破坏。其理由是，它虽然是赝品，但具有某种意义上的审美价值。

悖论和进退两难

批判赝品，有艺术上的理由吗

原以为是原作，但后来被证实是赝品。作品将被立刻从展览中撤下来，其作品价值也将被重新评估，价格也会瞬间下跌。这是为什么呢？

大多数人立刻想到的答案是"不如原作"。与维米尔和千镜子的作品相比，高超的艺术境界它们无法企及，只不过是模仿伪造的作品，当然不如原作，认为赝品有"画错"的部分或有不足之处，是很自然的想法。

实际上，这种想法适用于大部分赝品。但在一些因赝品而引发争议的特别情况下，我们一时还没有意识到这种赝品"理所当然"的劣等感，所以出现了尴尬的情况。起初，赝品被当作真品时，"画错"部分并未受到关注——如果能看到这种劣等的部分，就不可能引发伪造维米尔的赝品争议——一旦有科学依据证明这是伪造的，艺术上的劣等感就会随之显现出来。与其如此，倒不如说"虽然已经查明是赝品，但在我看来还是不知道两者有何不同"，这样岂不是更坦率吗？

事实上，如果想知道"赝品应该会有不同之处吧"这个理由是否妥当，可以假设一下这里有一幅完美的复制品，凭肉眼完全看不出它与原作间的差异，那么这件复制品代替原作挂在美术馆里也不会有任何问题吗？

你肯定不会这样认为。假设你去卢浮宫看了《蒙娜丽莎》后，听到有人说，实际上，现在挂的《蒙娜丽莎》是美术馆为保护原作而制作的复制品，真品则保存在收藏库中。"没关系，反正它们长得一模一样。"我想没有多少人会这样说。即使在完全看不出差异的情况下，我们也会更加偏爱原作，更加重视原作。

当然，我们看复制品《蒙娜丽莎》时的遗憾，也有可能是出于伦理上被欺骗的愤怒。但是我们更喜欢原作的态度似乎并不仅仅是出于伦理上的原因。专家们从艺术史角度给出的理由是，在凡·米格伦的作品中看到赝品的模仿方式歪曲了美术史。

事实上，这不仅使原作者的作品目录增加了一个又一个的琐碎问题，而且赝品可能会歪曲那位原作者的创作特点和创作变化。假设凡·米格伦的赝品尚未被公开，那么也许我们现在正通过《以马忤斯的晚餐》分析维米尔后期创作的宗教画，探讨他是如何受到卡拉瓦乔影响的，为何依旧还保留了"维米尔的独特个性"，注重深沉的眼神描写。

但是，作品在艺术史上的价值并不等于作品的艺术价值。将一件作品视为具有形式和内容的艺术作品，那它便存在所谓的艺术价值。如果得出"赝品在艺术价值方面存在问题，不如原作"的结论，那么比起伦理性的理由和艺术史上的理由，这是更符合我们常识的、有说服力的分析。

因此，关于赝品的哲学问题可以这样来问："除了伦理和艺术史上的理由，还有相信赝品比原作具有劣等价值的其他理由吗？"我们大多数人都希望答案是肯定的。因为我们希望对原作的偏爱可以从艺术的角度予以正当化。让我们看看是否真的可以，其理由又是什么呢？

现在，我们来做个总结。

①作为讨论赝品的出发点，我们假定存在和原作看起来完全相同的赝品，并且仅凭知觉无法辨别真假。当然这种假定，实际也不是不可能。

②但如果我们对这两件作品的感知相同，那么可以认为这件作品的艺术价值没有优劣。因为作品的价值取决于观众的感知。

③但是，根据我们的另一个常识，相比于原作，赝品在艺术上应该具有劣等价值。

这三个立场乍一看都很符合常理，并且支持的根据似乎也很充分。但问题是，从逻辑上看三者不可能同为真命题。三种主张不可能同时都是正确的，因此认为这三种主张都正确的人就会产生矛盾。

例如对于某人来说，①存在着在知觉上无法区分出的作品，如果接受②两件作品的艺术价值和差异取决于知觉上可感知的事实，那么按照逻辑就应该接受，"因此，真品和赝品的艺术价值相同"这一结论。而这又恰恰否定了③，我们把这种情况称为赝品的悖论。

若想解决这个悖论，只需要否定某一种主张为假就可以了。例如，接受①和②，否定③。实际上，选择这种立场的人也不在少数。他们认为画得好的赝品与真品具有同等的美学价值。

实际上，在关于千镜子画家赝品争议的报道中，有人留言说："虽然艺术的道德价值和历史价值等外在价值不同，但作品的艺术价值却下降了，这是因为你把作品当作了投资。享受'唯美'的赝品，也没有不妥之处。""你在视觉上都察觉不到什么，画作是真是假又有什么关系呢？"虽然他们的立场看起来可能违背常识，但没有追随伪善的主流立场而贬低之前赞赏的作品，所以他们似乎有一丝自豪感。

当然，也有支持这一观点的理论。在20世纪五六十年代早期为分析美学奠定了基础的门罗·比尔兹利（Monroe C. Beardsley），他明确地支持这一观点。他说，无法理解不能以肉眼分辨的两个对象如何具有不同的审美价值。如果不能分辨，审美价值就应该相同。所以我们对赝品的态度变化，在艺术上是不合理的。如果是完美的赝品，其审美价值就和真品一模一样。

艺术价值与审美价值

但值得注意的是，③中的"艺术价值上的差异"。在比尔兹利的眼中变成了"审美价值上的差异"。那么，艺术价值和审美价值分别指的是什么呢？这两者的意思相同吗？只有相同，上面的悖论才会成立，承认赝品和真品不存在价值差异的人们，他们的坦率才会尤其珍贵。

艺术可以具有道德、金钱、历史等多种价值。如果通过作品还获得了较大的启发或学习到了某些知识，可以说，艺术还具有启蒙价值和认知价值。例如，我们通过小说学习历史，通过戏剧治疗心痛，利用音乐缓解电梯里的尴尬，用图画掩盖墙上的污渍。

但是，这些工具性的、偶然的艺术运用，似乎并不都叫作艺术价值。那么艺术价值到底体现在哪里呢？如果附加上"把它当作艺术"的条件，是不是可以确保不同于其他可替代工具的艺术价值呢？但是美学近代传统中没有这样的观点。他们的立场是，除了审美价值之外，艺术的任何工具性价值，都是艺术能够拥有的附带、偶然的价值。据此，艺术的固有价值只有审美价值。果真如此吗？我们稍后再来探讨这个问题，让我们先关注一下"审美价值"这个词。

什么是美学上的审美价值？是作品的美吗？这也是有可能的。但是，"美（the beautiful）"和"美学上的美（the aesthetic）"并不是同一个意思。"美"是美学的一部分，虽然是美学的子集，但"美"也可以说是在"美学上的美"最典型的例子。如果仔细观察，就会发现很多情况下我们所说的"美"并非单纯的"美"，实际上指的是"美学上的美"。例如，崇高、优雅、悲壮等。但首先，让我们以"美"为中心进行说明。

什么是美？从哲学角度来看，这个问题就像问韩国演员刘海镇和姜栋元谁长得更帅一样，不是问哪个对象更漂亮，而是就"美"的性质本身所提出的"元"疑问。虽然"美"一词在友情和人生等方面也可以使用，是一个广泛的价值术语，但在这里，让我们把讨论局限在感官对象的美上。

回溯过去，人们对"美"这个概念的回答是清晰而简单的。因为按照古代的说法，"美"是指物质对象所具有的特别性质，比例、协调、平衡就是典型的例子。"具有统一性但不一刀切，多样化但不杂乱的特性"这种简练的表达方式曾经被人们所推崇。无论如何，在说明对象性质这一点上，古代与现代没有区别。

在当代，人们也许会把"完美人类的标准"理解得更具实体性。比起像现在这样把美看作每个人具有的不同标准的对象，似乎更应该从对象具有的客观性质来理解美。当然，今天我们仍然使用"美人的标准"之类的话，但似乎并不真的相信有绝对客观的标准。虽然这样的想法，在众多整形外科医生面前看似没有自信。

最近，"你正好是我喜欢的类型"代替了"您真是个美人"，被用来称赞某人的外貌。如今，我们把是否与对象的客观性质一致，是否符合自己的心意，视为判断"美"的重要因素。即使比例不对，只要令我满意，还有什么理由说它不美呢？这种方式的变化始于17世纪的英国。那时，对"美"的想法经历了哥白尼日心说式的转变。

美与心中的快乐息息相关，这在17世纪以前就已为人所知。但是，如果说过去这种"看到美的对象就会快乐"之类的，跟随美的知觉的性质就是快乐，那么在经历巨大转变的现今，这种快乐就变成了定义

"美是什么"的核心性质。也就是说，美能让我们心里产生某种特殊的感动和快乐，即美取决于主观感觉。

但是能让内心感到快乐的情形，多到数不胜数。吃到好吃的食物很开心，成绩提高了、涨工资了、订阅人数和"点赞"数增加了，内心也会很开心。但并不是每次产生这种快乐时，我们就能感知到美。为了说明、判断美所带来的特别种类的乐趣，学者们创立了"disinterestedness"这个单词。这是"关心 interest 和脱离 dis"两者合成后得到的新概念，我们将其翻译为"漠不关心"或"无功利性"。

"无功利性的快乐"是指，与满足个人私欲和与利害关系无关的"快乐"。实际上，前面列举的食物、成绩等都是食欲、名誉欲、成就欲等所带来的快乐。与此相比，我们被美感动所产生的快乐，似乎具有超出这些的特征。

例如，眺望广阔的原野，感受到的美的乐趣与拥有这片原野带来的乐趣是不同的。与其说这两种快乐的质量不同，不如说面对这两种情况，我们的心态不同。看着熟透的苹果，赞叹其颜色、形状和香气，如果把这判断为对象之美的话，我们就不该只在吃苹果时才加以赞叹。

这样，人们逐渐把"美"理解为一种无功利性的心理状态下所感知的快乐。倾向于这种理论的英国学者被称为兴趣论者。他们认为，人类除了感知世界的视觉、听觉等五感之外，还有被称为"兴趣（taste）"的专门负责感受美的器官。就像视觉感知光线一样，兴趣感知对象所具有的特别属性，例如，多样性和统一性的协调感知结果，即使与我的理解和欲望的满足无关，也会在我的心中引起感动和快乐。

美的主观性，美的规范性

所谓"审美判断"是指，由于对象引起了自己的快感而将其判断为美，即主观判断。西欧近代以后，为做出审美判断"有必要以无功利性的态度关注对象"的想法，不断被讨论和发展。在该讨论过程中，确保主观判断的规范性和普遍性发挥了重大作用。也就是说，并不能因为美具有主观性，就认为审美判断可能完全取决于个人的喜好。

提到长得帅的艺人，一定会有朋友这样说："我不知道他为什么长得帅。"虽然不能理解这朋友什么意思，但如果将其具体化，说到了该艺人鼻子的角度和眉间距等，这样朋友就不会在听到"现在你懂了吧"之后，依然困惑。但我们也承认，对美的判断有可能非常简单，就像是选择喜欢草莓冰激凌还是香草冰激凌一样，当然也有可能相反，但并非完全是取向问题。

虽然人们不会因为不知道草莓冰激凌的味道就把它当成"错误"，但是有的人看到枫叶红遍的雪岳山美景也没有任何感觉，走在樱花盛开的路上却不知道何为美，他们反而觉得赞叹这美景的人有些奇怪，自己的反应才是正常的。这就需要审美判断具有规范性。

就好比说，玫瑰是百合，盐味很甜，这些是错误的判断一样，对于审美判断（即使承认它是以我们的反应为前提的主观判断）也应该区分正确和错误判断。

而这一结论也应该成为我们大多数人都能接受的。这便是基于规范性和普遍性所提出的要求。事实上，这些在我们审美判断中也并没有被完全忽视。当人们对事物之美做出不同的判断时，也没有主观化到"那就是看到的样子，哪有对错"。

无功利性在解决这一规范性和普遍性问题上也起着重要作用。与我们日常判断不同，审美判断应该是无功利性的，应该排除基于审美判断之外的其他具有功利性的目的和欲望。康德说："在我们判断美的时候，根本不需要关心判断对象的用途和目的，甚至不需要关心其所属的概念和范畴，以及是否在我面前存在。"他认为人类的认知能力是共通的，只是审美判断时，认知能力与平时不同，在玩所谓的"自由游戏"而已。他相信只要都能做到无功利性，我们的审美判断就能获得普遍性。也就是说，无论是谁都会把"美"看成"美"，把"不美的东西"看成"丑陋"。如果有不同意见，就意味着有人并没有做到毫无功利性。

赝品和原作的审美价值，果真相同吗

康德通过《判断力批判》所提出的美学思想，构成了说明美和审美特征的源流。如果按照以康德为核心的近代传统，对一个对象的存在漠不关心①，那么，我们最终把对象看作什么呢？也就是说，不是把刀当成凶器，也不是把刀当成烹饪工具，甚至不是把刀当成刀。

可以说答案是在排除对概念和用途成见的情况下的个别对象本身。对此，康德将其解释为"无目的的合目的性"。事实上，这解释本身就需要加以说明。所谓无目的是指，不以概念为前提来假设对象应该服务的一个目的，进而判断给定的对象是否符合这个目标。另外，判断的"合目的性"意味着，只要看到某一对象本身，就会"完全符合"头脑中的某种东西，伴随

---

① 所谓"对一个对象的存在漠不关心"是指在审美经验中，人并不试图占有自然，不通过占有自然来满足自己的欲望、利益。换句话说，在审美经验中，人达到了忘我的境界，忘记了自己的欲望和功利诉求。——译者注

快乐的情绪做出判断。而这时的对象本身就是对象所具有的形式（形态）。

尔后的诸多理论，以此为契机，最终在美学上形成了"鉴赏美和艺术是对对象纯粹形式属性的反映"这一传统。对形式的关注是主张艺术自律性和独立性的主要依据之一，像宣布国王到来的号角、颂扬国王美德的颂诗、增添国王威严的肖像画等，都摆脱了传统艺术所担负的工具作用，展示了艺术通过纯粹的形式而获得的审美价值。

艺术只凭借纯粹的形式就能引起特别反应，并没有借用生活中其他领域追求的知识或教训作为自身价值标准，而是主张具有自身固有的价值，即审美价值。

也有人解释说，审美价值不仅具有感觉上的快乐，还具有更大的意义。从断绝自私欲望，关注对象本身这一特征来看，审美价值有时也是对人类本身这一自由存在的一种比喻。如果我们把人类看作被压抑的存在，也就是说，人类不能摆脱自身的欲望，总是被工具理性强加的合理性、效率性和实用性所困扰。而审美欣赏和审美价值判断，则可以将人类从这一切中解放出来，获得自由。

被包装的审美理论渐渐地成为对人类全面理解的核心领域，艺术也慢慢地认识到自己才是扎根于那个领域的人类活动。

不以对象的用途或概念为前提，只重视结构和形式本身的传统，在理解现代主义的抽象画时，提供了很好的框架。纯粹的形式主义艺术把再现事物的外观视为不纯，对它们唤起的日常生活感情不以为然。即使是描写风景、人物、事件等的再现性作品，也认为应无视其形态，只做形式鉴赏才是真正的艺术欣赏。

在美学理论和形式主义的背景下，我们终于可以理解为什么"好的赝品必然具有真品的价值"。因为依照他们的传统，人们只会考虑审美价值，认为除此之外没有艺术的固有价值。谁画的，何时画的，在艺术史上虽然很重要，但这些与审美价值有所区别。

审美价值来自作品的结构。而创作者也是因为在审美上创造出有价值的形式和结构而受到称赞。曾经统治艺术界的这种传统最终让人得出结论，即使是赝品，只要画得好，也值得被称赞。我们认为赝品应该有"没画好的部分"的执念也源于此。形式上的不同结构，由此带来的审美乐趣难道不如原作吗？如果没有其他的因素，那么，它的审美价值就应该被承认。

凡·米格伦相信，他自己也给当代评论家们带来了这样的困境：

①评论家们曾称赞我创作的赝品是"与维米尔水平相同的优秀作品"，他们在发现作品为赝品后，只能在撤回自己的称赞或在继续保留中选择其一。

②如果撤回，就承认他们的鉴定方案不足。

③如果继续保留，那么我就是和维米尔同等水平的优秀画家。

实际上，这的确让一些评论家感到困惑。如果他们也认为，作品的艺术价值只有审美价值，就更会如此。如果他们在无功利性的情况下，看到了真

正的审美价值，就应该纠正之前对赝品作者的其他
意图和艺术史上的错误认识。如果他们这样做了，
他们就会为了维护作品的审美价值，认为作品虽是
赝品，但仍值得欣赏。

审美的、艺术的、独创的

艺术是否只存在审美价值

艺术的固有价值果真只有审美价值吗？美国的美学学术期刊《美学与艺术批评杂志》（*The Journal of Aesthetics and Art Criticism*）中收录的阿尔弗雷德·莱辛（Alfred Lessing）的《赝品错在哪里？》，这篇50多年前的论文试图证明赝品除审美价值之外，还存在其他层次的艺术价值。

文章中，基本承认了之前提出的赝品悖论，如果接受①和②，那么在逻辑上只能否定③。但这还不是关于赝品价值的全部论述。根据莱辛的说法，即使接受①和②，我们认为赝品价值劣等的态度也是基于正当的艺术理由。因为审美价值并不是艺术价值的全部。

因此，赝品在审美价值上可能与真品相同，但在艺术价值方面有所不同。莱辛认为独创性（originality）就是一种艺术价值。后来，学者们也认为独创性是艺术的价值之一，它与金钱、教育价值等偶然的、附带的效用有所区别。

艺术是动员想象和感性认知的创造，用艺术代表人类自由的认识是从浪漫主义时代开始的。从那以后，创意性、独创性等概念成为艺术的宿命和价值。艺术要不亚于美，要焕然一新。因此，有人主张，如果艺术领域内存在对继承的反抗、对共同常识的否定、违反习惯或伦理禁忌等行为，就应该予以容忍。

这种创新性或称为独创性的新颖之处，采取了不一定让观赏者满意且令人愉快的形式。即便对作品观察得再好，"新的尝试"其本身并不能从知觉上察觉到性质。所以，独创性与我们如何感知、如何体验无关，它是通过历史事实和背景理论赋予作品的内涵。这与可感知的美的属性是不同的。

赝品并不具有独创性，这一点不言自明。就像"小伙子没有结婚"一样，"小伙子"或"赝品"等词语的意义，如果和我们所知道的没有区别，那绝对不是虚假的陈述。因此，如果按照莱辛的想法，将独创性视为固有的艺术价值，而不是工具价值，那么赝品就不具备这种价值，因此很容易得出赝品劣等的结论。因为即使两部作品完全相同，不能主张两者在审美价值上的差异，但如果提出"赝品没有独创性，价值不如原作"这一常识，就可以避免赝品的悖论。

但是对此，我们也可以预测到反对意见。难道赝品明显不具备独创性吗？如果我们把作品中出现的突发奇想称为独创性，那么《以马忤斯的晚餐》也完全符合。难道凡·米格伦的作品不新颖吗？

因此，这看似具有常识性的论辩要想成立，我们必须明确独创性究竟指的是什么。另外，我们还应该说明将独创性视为艺术价值的正当理由，当然也应该说明维米尔拥有这种意义上的独创性，而凡·米格伦没有。

评价独创性

我们通常将"originality"翻译为独创性。该词由意为特定起源的"origin"构成,所以"originality"包含了原本、源流的意思,由于是第一次,所以也具有新的含义在内,有时也可将其翻译为原始性。

如果只将"独创性"理解为是否创造新产物或提出新形态的话,就会发生像之前遇到的,对凡·米格伦的"模仿"用"新颖、独创"一词来形容的问题。因此,将独创性理解为"提出新形态",并不是我们想在这里寻找的独创性。

也有人认为"可能创作者想在最初的作品中尝试一下独创的方式,但最终失败了而已"。因此独创性本身并不能保证其"好的"价值。在这种情况下,独创性这个词只包含了"以前没有过"的含义在内,因此,这也不是我们所寻找的独创性。因为我们所希望的艺术作品的独创性,它既新颖又具有积极的价值。

在作品可能拥有的各种意义的独创性中,符合这些条件的独创性概念是:通过作品取得的成就,新颖而有价值。即作品解决了或想要解决哪些艺术课题，通过作品，在历史上取得了某些有价值的新成就。

17世纪中期，维米尔在油画作品中，描绘了一名站在窗前读信的女人，他的成就体现在"如何在不失去光和色的微妙感及精巧感的同时，描绘人或物体的外观"。这也是他在艺术课题上取得的成就。这与凡·米格伦在20世纪中期的课题"如何模仿维米尔的样式特征"（如果一定要以艺术课题的面貌来装饰的话）中所取得的成就完全不同。后者顶多停留在"我也能做到那样"的个人成就的程度上。此外，我们相信这个作品在艺术样式领域取得的成就，并不是凡·米格伦的成就。

如今，即使有人把马桶翻过来签名并送去展览，也无法实现马塞尔·杜尚在103年前《泉》（*Fountain*）中所取得的成就。作品的成就与作品起源有着固有联系。有一种形而上学理论认为，决定对象本质的要素之一就是它的起源。因此，评价作品的成就并不是对作品附带要素的评价。这样看来，与凡·米格伦赝品相关联的进退两难是基于某种误解，事实上完全不需要困惑。因为维米尔的伟大来源于他的成就，而他的成就是独有的。因此，在《以马忤斯的晚餐》被查明是赝品后，我们可以毫不惊慌地说，它的"艺术价值"发生了变化。只要找出了错误的起源，就可以收回我们对独创性的判断。

我们也可以说，维持《以马忤斯的晚餐》的意义价值评价并不能证明凡·米格伦的伟大。凡·米格伦只是成功地表现了——维米尔的样式和技巧。因此，我们可以说，对赝品的态度变化，虽然不是出于审美的原因，但显然是基于艺术的原因。这就是解决悖论的新方法。

审美价值的范畴

基于区分审美价值和艺术价值的这种见解，是一种逻辑上可选择的、用以解释赝品劣等的方法。但让我们更进一步，重新思考一下审美价值。

不仅比尔兹利，就连提出独创性作为解决方法的莱辛也承认，赝品和原作有可能具有相同的审美价值。但这真的是我们最终应该接受的结论吗？当然，这是采纳了传统观点提出的见解，但这里提出的问题是"难道没有怀疑传统的余地吗"，传统形式主义中的审美价值取决于单纯欣赏作品的造型结构所带来的审美愉悦。但是，支持这一观点的人，会不会对作品中"美的"概念理解得过于狭隘？

这取决于我们是否愿意接受，我们继承的有关"美的事物"理论，或者说我们完全没有必要这样做。正如开头所指出的，在赝品中引发的讨论经过美学核心问题之一——对美的事物和审美价值的历史性理解，自然而然地延伸到对它们的批判性思维。

丹尼斯·达顿（Denis Dutton）也是一位重视艺术成就，进而关注所有艺术具有的"表现（performance）"性质的学者。不仅是演奏和表演，就连绘画也是艺术家在表达过程中取得的成就。因此，鉴赏对象或通过鉴赏成为审美经验的对象，不仅包括作品知觉形式性质，还包括作品的表现过程和成就度。艺术的欣赏不仅包括美丽的线、面、色等感观，还包括通过某人表达而取得的成就。

如果这样的成就被歪曲或被错误地揭露，我们的感想肯定会改变。虽然被速度惊人的钢琴演奏感动了，但是后来知道了演奏并非人为而是通过计算机合成。我们的感动应该被收回。

同样，看到抽象雕塑中打磨得锃亮的完美球形石块，感叹其加工细致精巧，后来才知道它是被雨水风蚀而来的。那么最终，以人类辛劳为前提的一种感动将被偶然的，对自然力量的其他种类的感动所代替。

达顿建议："在这种情况下，我们的体验会明显转变为其他的东西，但这属于在适当的水平上发生的变化，我们仍然可以称为审美经验。"

达顿并不支持"作品的审美价值在被查明是赝品后也不会改变"的立场。考虑到作品的创作脉络，也不主张创造出与审美价值无关的艺术价值。相反，他认为应将欣赏作品的审美范畴扩大到感知、形式之上。

文脉、背景知识和历史是欣赏作家成就的重要因素。它们的变化虽然无法通过知觉观察到，但它们会改变我们的欣赏和理解，因此在审美方面它们是重要的变量。赝品错误地代表了成就，因此我们对它的态度变化是正当的。

虽然我们不需要接受达顿所说的"所有的艺术都是表达"的观点，但我们可以以此为契机，重新思考对作品的审美反应只停留在感知上的想法。也就是说，我们对赝品的态度变化即使在知觉上没有变化，也可以根据可能发生变化的审美经验，使其正当化。

当然，这并不是说不管态度如何变化，都会因审美而正当化。好像不该这样。至于到什么程度，其边界相关的问题也总是会随之而来。达顿的立场可能会受到修正主义者（revisionist）的批判，因为修正主义者提出，对审美价值这一概念要有新的理解。他们怀疑，审美上似乎没有必要过度关注成就。

例如，像贝多芬这样的情况，如果我们知道这是他克服身体障碍取得的成就，因而觉得音乐更加感人了，那么，这仍然是对审美价值的评价吗？如果不是，就会产生应该考虑哪些成就是，哪些成就不是，这样应该加以区分的问题。相反，如果克服身体障碍也是在评价审美价值时需要考虑的成就，那么这可能是对审美价值概念的过分修正。虽然克服困难的故事很感人，但将其看作对作品的审美价值，依旧有些牵强。

古德曼与丹托，
不同解的悖论

古德曼，知觉的相对性

在前面提到，不能同时为真的 3 个命题所组成的悖论，根据否定其中的哪一个命题，摆脱赝品悖论的方法也会有所不同。现在我们来看看有没有否定①或者②而不否定③的余地。实际上，在英美圈中讨论艺术哲学的两个人物纳尔逊·古德曼和阿瑟·丹托，两人的探讨就属于这种情况。

古德曼说："如果你在两幅画前，花一段时间观察它们，但无法分辨它们之间的区别，那么它们是否没有审美差异？"通过这个问题来考虑关于赝品的问题。

他对这个问题的回答是"人们通过看到的东西能分辨出什么？"这不仅仅是视觉的准确性问题，还依赖于训练和经验。因此，即使现在看不到原作和赝品之间的差异，以后也有可能看到其差异。

因此，如果我知道一个是赝品，另一个是原作的话，那么这个事实就会影响我的知觉。所以即使现在不知道，最终也会区分出两者之间存在的差异。对于这样的回答，我们应该如何理解呢？

如果把这句话代入上面的悖论，就可以看出，古德曼从一开始就没有接受①这一前提："两部作品在知觉上无法区分的，是一样的。"也就是说，虽然"现在"看起来相同，但两幅画实际上不同，而感知者知道这一事实，就会产生"最终"知觉上的差异。"我们看到自己想看到的东西"，因为我们的知觉被我们的期待和偏见扭曲，所以不能认为古德曼的主张是一个谜。

在棒球场上，有一个人说"这是脱离一寸的犯规球"，另一个人则主张"说什么呢，球明明掉在了线上"，如果双方都认为自己看到的是正确的事实而引发争吵，也不一定是有人说谎，他们可能都是照自己所见而谈。只是因为助威的队伍不同，所以观众的愿望和期待让他们看到了自己想看到的。当然，如果动用更准确的感知手段（慢画面或扩大画面），就可以纠正这一争论。

但是古德曼的主张，是比我们偶尔产生的错觉更根本、更过激的主张。

这背后隐藏着一个更普遍的理论，即"知觉构成主义"。其理论要旨归根结底是我们的知觉，也就是说，我们认为的"外部的东西"是在我们已知的知识和文化的作用下"构成"的。没有不为任何事物所污染的"纯真之眼（No innocent eyes）"，也根本就没有像"照原样看"这样的东西。事实上，就连"在那里的东西"这个表达也不准确。根据我们的背景知识和概念框架，我们只看到了"由那里的东西所构成的东西"，因此"看到了什么"是根据什么样的背景知识和脉络决定的，而它是相对的。

几年前在韩国，扮演无名歌手进行比赛和评审的综艺节目，成为街头巷尾的话题。聚餐时，中年部长从年轻职员那里听到了"部长您喜欢南瓜还是鲍鱼"这个问题。事实上，该职员问的是当时争夺该节目冠军的"许阁"和"约翰朴"，他更喜欢谁。但对大众文化不怎么关心的部长来说，"许阁"或"约翰朴"并不是什么有意义的话题，所以他根据自己的概念和背景知识，将那些不明确的声音识别为"南瓜"和"鲍鱼"。

事实上，如果构成主义正确的话，听到"许阁"的人也会听到"许阁""南瓜"或者之外的其他声音，而他也会利用自己的语言习惯和文化背景，把声音识别成"许阁"。

古德曼主张，通过知觉得到的对象表象"不是真实的记录，而是由我的内心构成的"。这种想法也可以应用于通过图像或文字再现物体的系统。以文字为例，可能所有人都认同"对象和符号的连接是虚假构成的"。无论称为"狗""dog"或"犬"，傍晚在小区散步时碰到的生物体，都是人用绳子牵着，走在前面，让跟着自己的人来清理它的大小便。动物没有表象，这只是语言上的约定和习惯。即便说"犬"是模仿"狗"模样的象形文字也是如此。那么，如果用真实的狗的图片再现狗呢？这种情况是怎样的呢？

古德曼认为绘画也是和语言相同的符号。即使是再自然的图片，最终也会像语言一样，由我们来学习编码并"阅读"。因此，古德曼认为，即使是写实画，也会根据习惯和约定，启动一个再现体系。他认为，事实性总是相对于我们选择的再现体系来判断的。无视远近法和一贯视角的埃及绘画，以及文艺复兴后，再现三维空间上不拘一格的西方绘画，两者只是不同的再现体系，不能说一方比另一方更"真实"地描绘了事物。

对我们来说，后者之所以看起来更加真实，是因为采用西方绘画的再现体系创作的作品更接近于实物。实际上，我们有时也会认为轮廓分明的漫画是真实的，甚至觉得描绘细微的肖像画很别扭。从这点来看，认为"事实并不符合绝对标准"的主张似乎很有说服力。

古德曼称："我对这两幅画中一幅是赝品的认识，最终构成了我的知觉，使我能够在知觉上区分两幅画之间的差异。"如果了解理论背景，可能我们就能更深入地理解他的话。

意思是说，两幅画有差异，而且藏得很隐蔽，但不是通过训练，而是用眼睛去发现差异。"真正的差异"不是古德曼用理论能讲述的。对于我们所掌握的知识，即一个是真品，另一个是赝品，它会相对影响到我们的知觉，最终会"构成"差异，然后去"看"，这样就有了"差异"。

实际上，在《以马忤斯的晚餐》被发现是赝品25年后，大部分鉴识者都通过感知，发现了它与维米尔真品的差异。

丹托的艺术哲学和感觉上的不可区分（原理）

丹托指出了古德曼式方法的局限性。根据他的说法，赝品是存在论层面的问题。在知觉上无法区分的两个对象，一个是艺术作品，而另一个不是，这就是赝品问题。这与杜尚的《泉》和安迪·沃霍尔（Andrew Warhol）的《布里洛盒子》在现代美术上提出的问题如出一辙。

为了制作《泉》，杜尚选择了小便池 A，而非旁边的小便池 B，对于不幸的小便池 B 来说，它失去了身份上升的机会，而小便池 A 和小便池 B 之间永远不可能找出感觉上的差异。更确切地说，虽然可以找到感觉上的差异，但这对于讨论两部作品的艺术地位和价值完全无关。

如果丹托的见解正确，那么古德曼在接受"两部作品无法从感觉上区分"的前提上，就多少显得过于安逸。如果说随着技术的发展，完全复制成为可能，那么对完美的复制品和原件适用古德曼式的讨论似乎没有意义。

丹托的解决方法告诉我们，即使是完美的复制，我们也有明确的理由去选择原作而非复印件。因为，赝品从根本上就不该被视为艺术。在得出这样的结论之前，和古德曼一样，丹托也形成了他的艺术哲学基本思想。丹托提出了有关艺术定义的必要条件之一：艺术和其他事物的区别在于，艺术具有要求解释的资格。

艺术总是与其他事物有关的，而创作者只是把自己的态度和观点投射到事物上。因此，作品具有一定的隐喻结构，其特点使作品成为被解释的对象。为了解释，需要艺术理论和艺术史脉络。在此之前，我们提到创作的起源和由此而来的成就是作品本质要素的观点，对于丹托来说，这最终可以归结为"请求解释"或"有解释的资格"。

丹托强调，即使感觉上无法区分，如果不同的理论背景投射了不同的观点，那么，如果可以进行不同的解释，这当然是两个不同的作品。丹托的著作《寻常物的嬗变——一种关于艺术的哲学》中的思想实验就是为了证明这一点。

在虚拟展览会上，丹托展示的展品都是涂满红色颜料的方块，这些一模一样的红方块却展现着不同的主题，它们看似一模一样，但实际上，只有名为《红色矩形》的是单色画，其余都是起源、意图、样式和隐喻结构各不相同的作品。

哲学家克尔凯戈尔将《越过红海的以色列人》有趣地解说为，这是一幅将大海形象化的，具有现实性的宗教画，"以色列人全部渡过，但埃及军队全部溺死了"。丹托也对它们分别进行了阐述，《克尔凯戈尔的情绪》是一幅表现主义绘画，他在解析旁还附加了一句："我的人生就是这个样子！"对哲学家的心理状态进行了诠释。另外，《涅槃》是一幅描绘佛教婆娑世界的画，而《红场》则是一幅描绘莫斯科风光的画。甚至展览会上，一位无名画家为了抗议展览的设计，以"我的红色帆布为什么不行"这样直白、肤浅的动机创造了名为《无题》的作品。

丹托说，这些红色帆布作为解释的对象毫不逊色，都是艺术作品，再加上它们有不同的解释，因此是不同的艺术作品。但是，如果现在某人也创造了一幅涂满染料的红色帆布，放在了旁边，即便它和展览的作品没有区别，但由于这些红色帆布并不要求解释，所以不是艺术作品。

如果以丹托的艺术哲学为背景看赝品，赝品并不是将作者的观点投射到作品上，体现出隐喻结构的对象。在艺术史上，处于虚假脉络的赝品似乎在进行陈述，但这一陈述并不是可以请求解释的真正的陈述。猫咪为了和主人玩，妨碍"管家"工作，在键盘上到处乱跑，显示器上奇迹般地出现了"13人的阿哈走多落落疾走哈五"这几个字。如同理想诗人的诗一般，你有资格要求这样的解释吗？同样，赝品一旦被定性，就失去了"被解释的资格"，同时也就失去了艺术的地位。

如果依据韩国的悖论进行解释，那么对丹托来说，前提①是明确的事实。相反，他难以认可的主张是②两部作品的审美价值差异取决于能否在感觉上区分。当然，这是一个把审美价值看作狭隘的形式上的价值问题，还是一个包含解释在内的、从广泛意义上来看待的问题。但重要的是，对丹托来说，在决定艺术地位和艺术种类方面，该作品在感觉层面并没有起到决定性作用。

例如，杜尚的《泉》是具有"大胆""机智"等审美属性的作品。众所周知，但这并不是我们所赋予小便池的属性，而是考虑到美术史的背景而做出的解释结果。因此，即使其他小便池在视觉上与《泉》相同，也不能赋予它这样的属性。如果按照丹托的想法，赝品或复制品只是具有和原件一样的"颜料痕迹"，并不是艺术，那么，就可以接受赝品和真品价值差异的主张③。不仅如此，这也足以解释为什么我们更喜欢原作而不是赝品，以及为什么我们对赝品的态度变化是正确的。

如果将丹托的理论和伪造的讨论联系起来，就可以理解现代艺术定义讨论中的重要概念，即理解对理论、历史、制度等围绕艺术的关系脉络（艺术界）的关注，解释等非知觉本质的兴起。丹托将赝品当成非艺术作品的结论，如果用来解释完全复制出来的赝品，可能更具说服力。

但是对于《以马忤斯的晚餐》这样的赝品，可能会出现持不同直觉的人。特别是对丹托米说，解释不仅仅是指具备所有方面的知识、展开的丰富、专业批评中的解释，至少理解为"是关于某些不一样的东西"。

实现完全复制后

最后，让我们从另一个角度审视一下赝品可能引发的存在论问题。对于赝品的争论主要集中在造型艺术上。在音乐方面，也可以伪造出某位音乐家的样式，如将 A 的演出伪造成像 B 一样，但从概念上看，伪造音乐作品本身似乎是不可能的。要想知道音乐作品是否可以伪造，首先要了解音乐作品究竟是一种怎样的存在。

一般我们认为，音乐作品是一种抽象的声音结构，可以通过各种方式被实例化（instantiation），如果遵循这样的想法，即使制造出与现有作品一样的声音结构，也无法实现对音乐作品的伪造。例如，伪造肖邦的《第一号夜曲》时，与肖邦的《第一号夜曲》具有相同的声音结构的那首歌不是伪造的《第一号夜曲》，而是肖邦的原作。事实上，从音乐的声音结构来看，这是将音乐视为一种类型（type）或抽象的普遍存在，作为类型的音乐作品虽然可以被感知，但不可以被伪造。对于这个问题的讨论，是艺术哲学的重要主题，在这里很难详细说明。

现在让我们思考一下与复制技术相关的存在论问题。照片、电影、计算机图像等能够实现无限机械复制的艺术类型，它们的出现肯定会影响我们对艺术作品的认识。例如，复制技术之一的录音技术，它可以改变我们关于音乐作品的想法。如果说，单纯地记录"声音事件"是过去的录音技术，那么，今天的录音技术则是通过很多机械操作，在录音中制造出固有声音的组合。

过去一般对录音和音乐作品有以下看法。音乐作品《第一号夜曲》是由作曲家肖邦创造的声音结构，是抽象的类型。包括鲁宾斯坦在内的众多钢琴家，每年都演奏的《第一号夜曲》相当于其类型的表征（token）。如果某一次被偶然录音（意味着不一定是那天的那场演奏）并收录在了这张唱片中，那么听这个录音和听范克莱本的演奏录音，还有在现场听赵成镇和孙烈音的演出实况，都是听同一部作品《第一号夜曲》。

但是，当今大部分音乐作品都采用了采样、混音等技术，特别是大众音乐作品，它们只有在录音完成后，而非作曲后，才能制作出"该音乐"。录音技术的造假、声音歪曲等也不断涌现，比如像摇滚乐队皇后乐队《波希米亚狂想曲》（*Bohemian Rhapsody*）。叠加录音从摇滚音乐初期开始就被广泛运用。

极端情况下，也有干脆不存在录音对象的"声音事件"。披头士乐队在约翰·列侬去世后推出的《自由如鸟》（*Free as a Bird*），和纳塔利·科尔利用自己父亲奈特·金·科尔生前留下的录音试图合唱《难以忘怀》（*Unforgettable*）等歌曲就是这种情况。这些歌曲有演出，而且不是录制的。这是完全依靠录音技术创造的声音。将其称为"录音的艺术"也不错。如果是这种情况，听"那首歌"的唯一方法就是按下播放按钮，重新听被录好的那首歌。因为严格来说，如果不是"那录音"，就可能不是"那首歌"。

这样一来，音乐作品就不再是无法伪造、无法消灭的抽象类型，而是能说出正确的创造时间和消失时间的具体录音，其存在论的地位发生了变化。这可以理解为音乐变得与照片或绘画相似。因此，不同于现在我们对音乐作品的直观，音乐变成了有可能被复制或伪造的存在。

当然，这具有争议性。如果白智英《像中枪一样》的所有录音都消失的话，除了考虑著作权收入出现问题的方时赫代表外，可能有人也会担心这首歌从世界上消失。但该讨论含蓄之处在于，对比"该音乐"对象，我们根深蒂固的想法也可能会因录音这一机械技术的介入而发生改变。

在只用录音技术制作的音乐作品中，原作品和复制作品的区别毫无意义。由最初录音组成的《像中枪一样》的原曲或母带（Master Tape）等将会存在。但是，即使它被复制成 WAVE 或 MP3 文件并带到了我们身边，我在听的也不是那首歌的"副本"，而是《像中枪一样》那首歌。

假如技术发展了，未来真的能完全复制一幅绘画，那会怎样呢？如果《蒙娜丽莎》可以被完全复制，把依照原作复制出来的《蒙娜丽莎》挂在房里的话，那么我们看的是《蒙娜丽莎》的副本，还是《蒙娜丽莎》呢？虽然不能马上回答，但仔细想想，这还是个很有趣的问题。

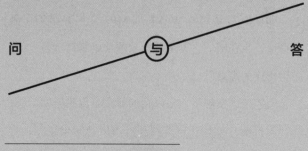

問 与 答

"美的事物"是指什么？

　　根据兴趣论，"美"被理解为"我们无功利性时，被给予快感的对象"，即便没有比例和协调的对象，只要我们无功利性，就可以感受快感。例如，某个巨大而有威慑力的东西，在我们有限的感觉和认知内无法掌握其全貌，在它不对我们造成威胁的情况下，进行无功利性的静观，它就会给我们带来内心的快乐。也许这和我们看高耸的珠穆朗玛峰，以及无数星星点缀的夜空是一样的道理。但是，这时的感动和快乐，比起"美"，更适合用"庄严""崇高""神圣"等词汇来形容。

让我们来举个生活中更容易接触到的例子吧。如果人们看到长得像玩偶一样的小狗，内心高兴，认为它"可爱"，那么在看到褐色的毛发被修剪得整整齐齐、英姿飒爽的大金毛犬时，可能也会感受到相同的快乐，但这和"可爱"不同。

这里重要的是，虽然神圣、可爱、美等相互区别，但它们唤起快乐的结构和方式相似。其方式与我们欣赏美一样。即如果我们无功利性地关注对象的特定属性（巨大、微小、流畅的曲线），就会根据内心的某种感性（兴趣或认知能力的游戏）产生特定反应（伴随快感的赞叹反应）。

像这样，以同样的方式唤起我们快乐的情况除了"美"之外还有很多。所以用"aesthetic"一词来指代。我们把它翻译成"美的／美感的／审美的"。这和西方美学的

"aesthetics"相同。如今，与其说美学家们探究美的价值特征，不如说是将"美的事物"作为研究对象。

"美的事物"这一领域的设定，是人类在理解与世界有关的方式时，需要考虑的另一个层面的认识。对可爱和美的判断与知性判断不同。如果一定要将其划分到某个领域，那就是感性的领域。因为美的事物是与知识和道德无关的另一个独立的领域。

第二章 _____

情色
能够成为
艺术吗?

—— 道德

//////////

与美学的争论

情色应该受到道德上的谴责吗？情色能成为艺术吗？情色不仅在法律和制度方面，而且在为其提供依据的哲学角度上，也是值得探讨的、有争议的主题。

有争议的地方

就需要哲学

壁橱里的情色

不能说生活在现代社会就不懂情色,"没有从未见过的人,更没有只见过一次的人"。据统计,在美国,一半以上的男性和 1/3 以上的女性在 13 岁时就已经接触到情色,如果将其范围设定为 18 岁男性,其统计值为 90%,相比于这个结果,可能大部分人会对剩余的 10% 更感兴趣。根据 2012 年公布的研究数据显示,每年约有 1.3 万部情色电影上市(据说仅好莱坞每年就制作 400 多部),涉及 X 等级内容的网页达 4.2 亿个,如果推算全世界通过该产业获得的收益,每年可能高达 970 亿美元。

但是，我们不得不承认，这寄生于原始欲望的阴暗产业，与哲学或美学的讨论对象，并不是同一回事。10 多年前，我在一次私人场合，曾提到了当时写的一篇关于情色的论文。一起共事的哲学系前辈严肃地说："到底为什么呢？"他没有一丝玩笑的神情，更多的是忧虑、指责和怜悯。对于拥有如此"正直之心"的人来说，可能公开谈论淫秽都感到尴尬，更不必说比"B级"还过分的"X级"的情色文化了。那么，对于这点，从美学的视角来看，我们会谈论些什么呢？

如今，性别和性取向等有关性的讨论比任何时候都更加明朗。很多之前被视为可有可无的东西，正在从打开的壁橱门中涌现出来。情色作品也是其中之一。随着主导时代的大众媒体不断变化，情色作品"先发制人"，每次都使它的接触者成倍增长。

从以照片为主的情色杂志、限制级影院的成人电影、家庭影院和有线电视，到计算机和互联网，甚至最近兴起的虚拟现实技术也被用于新一代的情色作品中。特别是在网络普及之后，人们接触包括情色在内的各种性表现物变得非常容易。随着人们对性的态度开放，对性表现的许可范围标准也逐渐变得宽松。

因此，与过去那些被视为禁忌的隐私领域相比，情色作品自然而然地出现在日常对话中，人们甚至会公开谈论它。在广告和音乐 MV 中，打擦边球的情况越来越频繁，而且更加流畅，人们对其也变得没有太大排斥感，其中的内容有时也会有意地借用情色的陈词滥调。对一些人来说，这已经超越了尴尬的程度，变成了邪恶且危险的对象，甚至可以被简称为"黄"。也正是这种状况，引发了人们对情色的哲学思考。我们究竟应如何看待情色呢？

关于情色的哲学讨论

在当今社会，就像对堕胎和安乐死的伦理性争论一样，拥护或反对情色限制的主张也不断出现。近来，虽然这场争论没有 20 世纪七八十年代那么激烈，但这也并非因为一方占有优势而告终。

在英语中，情色被缩写为"porn"，但对于反对情色的阵营而言，这样的缩写似乎都难以接受（这种情况与亲切地称呼"威廉"时，用"威尔"或"威利"来指代类似，因为对自己不能容忍的东西赋予"爱称"而感到愤慨，这点是可以理解的）。与之相反，支持的一方则认为，如果是"无害"的情色作品，就应该被允许。

反对情色可能是保守的宗教人士和激进的女性主义者唯一能达成共识的主题。当然，二者即使主张的结论相同，其理由也未必一样。虽然标榜保守的性伦理，指责露骨的性表现，破坏了公序良俗的传统立场越来越处于守势，以性开放和表现自由为先的自由主义者的主张占据上风，但这只是争论的上半场而已。基于性别平等和女性人权的犀利反击也不容小觑。情色不仅在法律和制度方面，而且在提供依据的原则层面上仍然具有争议性，因此是非常适合哲学和伦理学讨论的主题。

但是，对于情色这样有争议的对象来说，认定一部作品是不是情色作品，不论在识别（identification）上，还是属性（definition）上都显得不那么明确。甚至有时令人怀疑，我们是否该用"情色"一词来指称这些对象。

例如，对于"所有情色都应该加以限制"的主张，有赞成和反对两种立场。一方认为"情色"意味着有道德问题，因此赞成这一主张。而另一方认为，所谓的情色作品既有有道德问题的，也有没有道德问题的，因此没有必要对所有的情色作品进行限制。

实际上，这两种立场完全没有必要对立。因为两方都同意限制有道德问题的情色作品。为了避免这些问题，我们有必要讨论情色的"本质"（如果有的话）。

所以在这里，我们首先要讨论的是情色作品的本质和定义问题，以及随之而来的伦理问题。当今世界，无论是纯粹的艺术还是商业性的艺术，性和露骨的表现并不少见。

那么，关于情色是否也可以成为艺术美学的争论也将继续进行探讨。

讨论前，我先要说明一点，在这里关于情色的讨论是部分的。第一个理由，这不是以韩国社会整体对性文化的认知，以及"正确"方向的宏观视角等为前提的讨论，因此是部分讨论。

　　通常，一提起情色的学术讨论，人们就会期待以韩国社会对性的全面认识为主题的社会和政治批评。批判包括情色在内的性商品化，以及作为其存在发展的非本质、煽情性的资本主义文化商品的问题。所谓的"进步方向性"就是保障、扩大性和性表现的自由。

　　为了达到这个目的，这些讨论以"真正的性"为由，将情色内容中的"性"定性为"虚假"的，但也有人指出，对情色内容的否定看法，是韩国社会对性的虚假、不健康的双重态度。甚至还有人试图从情色作品中解读关于"性"颠覆性和破坏性的一面。当然，这篇文章没有这种想法。事实上，从现在开始讲的内容，可能就是进入具有这种意识形态倾向的讨论之前，必要的合理分析的阶段。

　　这里的讨论只能是部分的，第二个理由，展开这种合理的讨论也是以异性恋男性的视角为前提的。这绝不是出于异性恋男性合理，而女性和同性恋不合理的想法。因为，在涉及性或身体等隐私时，站在自己之外的立场去体验，收获是有限的。因此，预测会有没来得及观察的部分是合理的。当然，不可否认的是，目前流通的大部分情色片都将异性恋男性视为消费群体。

是情色，还是淫秽物？

就像我们之前说过的，在规定"是什么"的问题上，情色是无法避免争论的主题。美国最高法院大法官波特·斯图尔特（Potter Stewart）说："I know it when I see it."这句话也反映了他所认为的情色的定义。1958年法国电影《恋人们》（*Les Amants*）在美国上映时，被卷入了猥亵的争议。俄亥俄州法院决定以猥亵罪处罚上映该影片的剧场负责人。

1964年，该判决被美国最高法院推翻，对此，斯图尔特法官表示，公共权力能够限制的只有硬核情色，但《恋人们》不属于此，虽然不能用语言来说明什么是硬核情色，但无论如何，我自己可以知道它属不属于。有的人也会嘲讽这个"主观标准"是这个问题上唯一"现实、坦率的标准"。

当然，斯图尔特法官的意图是指出包括自己在内的韩国社会存在的惯例。但是考虑到男性对待情色作品的典型身体反应，可以将这句话解释为"看了，身体会做出反应"。也许正因为如此，人们才觉得这种方式有趣，并引用了法官的"坦率"。

在韩国，不仅是确定对象，定义用语也不简单。事实上，在韩国，情色并不是官方用语，在很长一段时间里公开指称的用语都是"淫秽物"。

但情色是将具体事物组合在一起的体裁名称，因此很难用"淫乱"或"淫秽"等对象的属性来指称。当然，这是韩语在没有外来词汇时所遇到的问题。因此，我们可以引入规定性释义（stipulative definition）来解决。那么问题是规定性释义究竟规定了什么呢？

事实上"淫秽物"在规定使用上也有困难。因为情色对象的共同点是不是淫秽，也可能会引发争议。而且与其说这是价值中立的指示词，不如说是像猥亵一样将对象评价为具有负面价值用语的问题。负面价值评价是在讨论结束后得出的结论之一，而不是在讨论开始前就可以作为前提的。另外，即使情色作品的价值不能中性地定义，并且必须具有负面价值的性质，其负面价值也不一定是淫秽的。

从对象种类来看，淫秽物不仅包括我们想讨论的情色事例，还可以包括更广泛的内容。例如，韩国大法院曾将为男性自慰而仿制的女性生殖器规定为淫秽物，但这不是情色之物。即韩国大法院认为淫秽物可以适用于文字或图片以外的东西，而情色仅指具有再现性内容的对象。

虽然我们有"马赛克照片""春画""成人物"等富有隐喻意味的词汇，但正因为其隐喻性质，它们似乎很难成为正式用语。特别是在情色作品中，性表现的程度以非常露骨为核心，但"马赛克"这个词，指代很模糊。

最近,"淫秽视频"的缩略语"黄片"似乎已经成为网络情色片的指代词,但只要"黄片"这个词中"淫秽"的意思还存在,就很难将其视为情色的替代词。很多不能被视为情色的东西,如果有浓厚的性暗示,可以被称为"淫秽/黄"。反之,如果部分露骨的情色作品被称为"淫秽/黄",就可能被认为具有"蓄意纯化"的嫌疑。但摆脱"淫秽"的含义,引入新词汇"黄片"来代称至少有一部分影像形态的情色作品,不论怎么说,这是最具有探讨可能性的方式。①

由于这些情况,我想在这里继续使用"情色"这个词。如果一定要用相应的韩语来表达,那只能是"露骨的性表现物"等这类直白的用语。从韩国引进是否合法的角度来区分,即使性表现露骨,对成人来说,没有问题的情色片称为"成人片",相反,非法情色片(硬核情色片、情色凶杀片、儿童情色片等)仍称为"淫秽物"。

---

① 在这里的语境中,作者所指的情色在整体上不是淫秽/黄的,但其中有部分内容与淫秽/黄的信息界定有重合。——译者注

对于"给定的对象是情色吗？"这个提问，我们可以从两方面来理解。一种理解方式是对惯例的提问。也就是说，我们是否有判断特定对象的内容和形式，并将其分类为情色的惯例？这可以通过预测我以及身边人的反应来回答。前文提到的斯图尔特法官的想法也符合这一点。他认为，"我们的惯例是不把《恋人们》视为情色作品"。

虽然对一些对象，究竟适用哪一种惯例不太明确，或者说很难将其纳入现有惯例。但对于大多数而言，原则上就是这样的。在这样的标准下，我们将《花花公子》和《风月女郎》等杂志上出现的包括暴露性器官的照片、性行为照片，以及只涉及露骨性行为的日本成人录像等归类为典型的情色（成人物）。另外，暴力或并非纯粹的性再现，与大多数人价值观严重相冲突的硬核情色，也被包括在典型的情色（淫秽物）作品中。

但对于同样的问题，还有另一种理解方式。例如，我们把日本成人视频归类为典型情色的惯例是否正确？究竟是根据什么理由将其归类为情色作品？为此，我们需要超越惯例，用定义（definition）来解释这一疑问。

情色可以被定义吗？认为可以的人，主张以下两个要素是必要条件。第一个条件，无论是文章还是图片，其内容都应毫无遮盖地暴露了性。当然，露骨的性暴露程度根据时代、文化、社会背景不同会有所差异。例如，过去露脚踝就是性暴露，而现今已没有人会这样想。

但也不能因此就辩解说，所有的东西都是相对的，所以没有一成不变的情色暴露特征。因为在大多数情况下，露骨的性暴露明显存在。比如性交行为，男女的性器官，等等。因此，无论作品使人展开了多么"黄"的想象，如果男女的床戏变成了悬崖下波涛汹涌的海浪或鱼缸里的金鱼，那也不能称为情色作品。此外，描写性爱的情色艺术也是较常见的艺术素材之一，在历史上一直存在。我们有将它与情色区分开来的惯例。通常意义上，与它无关的情色片，其核心条件是露骨地暴露性。

但是，即使露骨地描述和再现了性，我们也不能立刻将其认定为情色作品。比如，医学书籍中赤裸的生殖器照片是情色吗？因此，还需具备第二个条件，即暴露的性行为或性器官的再现，使观众产生性兴奋（arousal）。有时带有其他艺术目的的作品也会伴随性兴奋，但通常不会被视为情色。当然，创作者通过作品表现出的意图并不是每次都很明确，引起争议的情况不少，但是也有很多没有争论余地的事例。

如，杰夫·昆斯（Jeff Koons）的《天上人间》（*Made in Heaven*），尽管直观与情色没有区别，但如果将其视为对情色的模仿更为妥当的话，就可以以不能满足"最优目的"这一条件为由，认定它并非情色作品。

结合以上两个条件，就会产生这样一个定义："典型的情色作品在内容上是对赤裸身体部位、姿势、行为的再现，其制作目的或效果，是以观众性兴奋为最优先级的。"这就是哲学家威廉姆斯（Bernard Williams）在1983年担任英国政府委员会主席，起草《淫秽和电影审查》报告时，所采用的定义。

该定义被称为"内容—功能定义"，在之后的很多讨论中，它被认为是对情色的技术性（descriptive）或价值中立的定义。它最大限度地排除了"无价值、猥亵性、不能将艺术正当化"等规范性（normative）要素。

对于该定义，有人还提出了几个反例，其中对此批评最严重的是，内容—功能定义追求的价值中立性并不是对情色内容的正确定性。有些人认为，情色的概念应该包含一些本质上坏的东西。此外在价值评价层面上，如果排除了中立性定义，这反而会助长人们对情色作品的歪曲理解。接下来，让我们再来看看情色作品的伦理问题。

如果用道德
来衡量情色

情色是不道德的吗？

对于情色的赞成或反对，这两种不同的伦理层面上，有一点常被忽视，即关于情色作品本身的道德性问题。"情色片在道德上是否应该受到指责？"

对于情色，社会是允许还是限制，我们通常认为这一结论主要取决于情色的道德问题。如果情色具有道德问题，那么对情色的限制就是理所当然的结论。

约翰·斯图尔特·穆勒（John Stuart Mill）在《论自由》中提出了"伤害原则（harm principle）"，据此称其他人能够限制个人行为自由的唯一理由就是自我防卫。同样，国家凭借权力限制其社会成员个人的行为，也应该以防止其对社会其他成员造成危害作为唯一目的。如果按照这个原则，以对他人的危害为标准来判断情色是否应该受到道德谴责的话，那么关于"情色是不道德的吗？"这个问题，就可以以"情色对谁造成了危害？"这一切入点来探讨。

事实上，从某种意义上来说，露骨的性表达本身就是对观看者有害的。例如，如果露骨的性表达被提供给不想接触的人，就可能引起接触者的不快或羞耻心。传统意义上，人们指责情色，所提及的危害大都是"猥亵"或"淫乱"，以及因此而引起的不快感、厌恶、羞耻心。但是，如果让人感到不快，就认定是不道德的，这多少有些勉强。在我看来，至少要表现出这种伤害是具有普遍性，而且不仅仅是情绪上的伤害，应该是实质性的危害。

实际上，前面提到的哲学家威廉姆斯强调："我们普遍认为性行为是完全私人的，这是人类的基本态度，因此，这种私人的行为在公共场合再现所产生的厌恶感，会超越单纯的取向差异，引起严重而普遍的心理反应。"即情色对人性造成的危害是普遍的、实质性的、严重的。

但是，这样的论旨究竟能有多大说服力，仍然值得怀疑。例如，我们也可以主张，对于暴露内脏的外科手术，以及畸形的人类或动物的反应也超越了单纯的取向差异，引发了"严重且普遍的不快感"。这些场面的再现并不会让人认为是违背道德的。更何况，如果想主张露骨的性描写会给整个社会或社会的大多数成员带来不快的可能性较大，就需要以大多数社会成员不希望如此露骨的性描写为前提。在19世纪中叶，尽管威廉姆斯主张的猥亵罪被立法，而这个主张的公信度，至今还有待证明。

即使这是事实，在性表现自由化和开放化的趋势下，衡量可能会造成危害的露骨表现的标准，必然也会发生变化。哪种程度上的露骨，会给大多数人造成伤害？决定这一标准并非易事。社会传统观念（唤起社会大多数人羞耻心）等标准，有可能引发乞题谬误

（普通人看到露骨的性表现后感到羞耻的错误），即使没有，也分明是虚假的。

即便虚假，为了法律或制度的实用目的，也可以作为标准发挥作用。但是，对于道德性的标准人们则会持怀疑态度。举例来说，如果这样的标准是特定性爱（sexuality），以"大多数"的名义，将异性之间的性爱假设为标准性或道德上的性爱，那么除此之外，包括同性恋在内的性爱就变成了"给社会大多数人带来羞耻心"的越轨性、变态性行为。

尽管某些特定的性行为，令大多数人"厌恶"，并且得到普遍认同，但这似乎不太可能是判断这种行为的道德标准。即虽然主张某一特定的性行为是不道德的，但其理由不能单纯是因为引发了大多数人的厌恶感。

事实上，是否所有的性爱都是同等"正常"和"自然"，是否有对"变态性欲"和"性爱"的定性，虽然这不是可以通过"多数表决"能解决的问题，但可能很多人认为他们"不管做什么都不正常"。托马斯·内格尔（Thomas Nagel）等哲学家认为，这是一个可以根据性欲和性爱的本质来决定的问题。他在一篇以"变态性欲"为主题的论文中主张，有规定性爱和性欲的本质的因素，比如"相互性"，即"对方的性兴奋能引起我的性兴奋"。

因此，他说，"大多数人讨厌"虽然不是适当的标准，但不能体现性爱本质的行为，例如窥阴癖（不是相互的，而是单方面的）可以看作变态的。但同性恋不在此范围内。当然，不愿意对这样的主题进行过度分析的一方，不认同"性爱有本质"的想法。

无论如何，通过到目前为止的讨论，我想要传达的是，把露骨描写带来的不快感，认作情色带来的危害，并将此与道德缺陷联系起来，这种尝试在现代很难成功。另外，情色作品的危害并不一定是源于它露骨的性描写。

情色和性别歧视主义

从情色危害的另一个方面来看，情色与社会少数人的差别主义相关联，尤其是性别歧视。在以男性为中心的社会结构中，女性仍然处于劣势。假设我们普遍的道德观是这样：人类的基本权利不能被性别、年龄、种族、国籍、性爱的偏向等侵犯，即便存在差异，也应该机会平等。这样一来，性别歧视的主张及其依据，就像白人对黑人的歧视——这广为人知的种族主义（racism）一样，有必要受到道德上的谴责。如果情色作品以任何理由助长、传播或加强这种性别歧视，就应该受到道德上的谴责。

以这种方式理解情色作品，无论是有意识还是无意识，都可以看作多数社会权力人士对少数人人权的伤害，在这一点上，区别于淫秽。因为在看待情色问题上，淫秽和淫乱是从少数无耻之徒对多数善良市民造成伤害的角度出发的。

如果性别歧视成为问题，情色不道德性的依据，就会从保护多数人权益的角度，转移到保护少数人权益的角度上。这是根据道德标准提出的问题，从自由主义者的立场上看，这也是不得不考虑的反论。

那么在这种情况下，对女性造成危害的具体内容是什么呢？可能你最先会想到，情色片是否与社会上发生的对女性的性暴力有直接的因果关系。即接触情色片的男性对女性实施的贬低、暴力、虐待等行为。虽然可以理解公众反对情色阵营的焦急心情，但是，要获得它们之间存在因果关系的证据，似乎并不容易。甚至有研究结果表明，情色作品反而会减少性暴力。大体上，关于这些主题的经验研究，在原则上都具有这样的特点。对于电视或电影的暴力片是否会对实际社会的暴力增加产生因果联系，这样的陈旧问题，仍未得出确切的研究结果。

虽然我们承认，表象拥有改变想法、态度和行为的强大力量，但考虑到每个人心理、智力，以及社会环境等差异，发现这种直接联系的可能性并不乐观。关于情色片会增加对女性的性暴力犯罪及不合理对待等主张，即便不必要求它立即给出证明，但情色片间接参与到这种事情中来，这也有可能是更有说服力的主张。根据这种主张，人们认为情色是包含了诸如女性是为了满足男性的性欲而存在、强奸等暴力性侮辱也能让男性感到快乐，或其他更普遍的性别歧视的观点和态度。

支持这类主张，最具代表性的是女权主义者安德丽娅·德沃金（Andrea Dworkin）和凯瑟琳·麦金农（Catharine MacKinnon）。她们主张，仅仅将女性描述为性对象以及传播男性优越的性别歧视的想法，是所有情色作品具有的普遍性危害。20世纪六七十年代美国女权主义运动的发言人葛罗莉亚·斯坦能（Gloria Steinem）认为，情色的表象是"暴力、统治和征服"，"性爱是为了强化不平等"。

另外也有人认为，情色与性无关，而与权力（power）相关，它将男性支配和女性的服从，包装为神秘的情色。他们主张，这种想法和态度，最终会对现实生活中的女性造成伤害。从大的背景上看，情色作品至少间接地导致了对女性的危害。

此时，只有通过承认广泛传播性别歧视带来的社会危害，以及接触到这些信息的人"重新"采用道德上不恰当的性别歧视的意识形态，来证明情色作品的不道德性。相反，如果宣传这种意识形态，使韩国社会对已经存在的关于女性的歧视态度固定化，即通过表象或语言明确表明这种社会关系的存在，那么，即使没有注入新的负面意识形态，被积极宣扬其危害，也可以充分说明情色作品是不道德的。进而以此为依据主张审查的正当性。如此一来，这似乎是一个很有效的根据。

另外，如果将情色内容的道德问题视为与性别歧视有关，那么，虽然在性方面较为露骨，但也有可能带来非性别歧视的再现。因此也有人建议，应该将其区分开来，用"情色"这样的名字来称呼。

但这并未得到所有人的同意。也有一些人对此持强硬立场，认为满足"内容—功能定义"的所有情色内容都对女性有害。他们认为，无论怎样刻画女性，如果赤裸裸地再现了社会惯例上的性行为，只会招致对女性的性别歧视。因此，他们认为，在真正意义上的男女平等的社会到来之前，"情色"或"无害的情色内容"是不可能存在的。

相反，也有一些人认为，如果对部分有害的情色作品的存在都不认可的话，情色不应受到道德谴责。他们认为，如果在制作过程中不存在暴力和侵犯人权，除了不愿意看到的情况外，情色作品本身在道德上是中立的。情色只是展开性幻想的跳板。

是艺术，还是淫秽

我们一定记得，高度评价性表现时，电影或话剧中经常使用的宣传语"是艺术，还是淫秽"，听起来像是要二选一。事实上，这句话并不是为了吸引人们的好奇心，而是涉及艺术和法律的深刻争论。20世纪90年代，法院判定马光洙的小说《快乐的莎拉》不是艺术而是情色作品。由此可见，情色和艺术不能并存的观念，在社会上占据着支配地位。

谴责该判决的一方，提出反驳意见称，虽然该作品中包含露骨的性描写，但这是艺术（文学作品），而不是情色，并指出作品与《金瓶梅》和《查泰莱夫人的情人》没有什么不同。他们甚至还指出了国民恋爱小说《春香传》中出现的淫秽描写，并以此作为反驳的根据。

暂且不说当时对《快乐的莎拉》的判断是否恰当。人们认为无论是在当时还是现在，只要把它认定为艺术，或者认为它具有艺术价值，自然就可以摆脱情色作品的污名。但为什么一定要这样做呢？虽然他们主张《快乐的莎拉》并不是情色作品，但不管它的艺术价值是什么，如果说它作为情色作品实现了这一目标，那又如何呢？就像艺术和淫秽在概念上并非不可调和一样，难道不能既是艺术，同时又是情色并具有艺术价值吗？

在这种情况下，一些学者提出了"情色艺术（pornographic art）"。但依据常识性见解，这就像"来一杯热的冰美式咖啡"一样，充满矛盾。部分艺术哲学家对传统二分法，即再现性时，如果认定是情色艺术，就不是情色，表示了不满。他们追问，哪些是情色同时又是艺术，这里出现的用语就是情色艺术。

再看一个模棱两可的事例。在奥赛美术馆销售的纪念明信片中，销量第二的是库尔贝（Gustave Courbet）1866 年的作品《世界的起源》（*Origin of the World*）。这是一幅描绘女性生殖器的油画。露骨的再现，再加上观众的视线只集中在性器官上，模特儿的脸呈现在框架外的构图。所有的这些看起来和典型的情色作品没有什么不同。

该作品被挂在权威美术馆的墙壁上，公然吸引着众多观众，它没有必要挑战"不可能是情色作品"的现有惯例。但即便如此，我们仍然感到头疼不已。因为由它产生了这样的疑问：是否可以将这种艺术归类为悠久的传统情色艺术？毕竟它过于露骨。崔京泰的画因为露出生殖器而引发争议，最终法院下令销毁了几件作品。难道与崔京泰的画作相比，库尔贝的画作更高尚吗？这是否有依据呢？

情色与艺术共存的可能性

拥护情色艺术的美学家马修·基兰（Matthew Kieran）

和汉斯·梅斯（Hans Mas）主张，无论是默认还是明示，以传统立场为前提的理由中，没有一个能体现情色和艺术"不能共存"的。我们把他们的主张称为"共存的可能性论题"。

当然，对于认为情色也可以成为艺术的人们而言，即便《快乐的莎拉》被认定是情色作品，但它也可以成为艺术，或者说它是足以与艺术作品匹敌的、精心制作的情色作品。这种共存的主张，并不等同于"既是情色作品又是艺术"，他们只承认曾经是情色作品，而如今是艺术。

也就是说，有这样一种情况：一开始错误地把作品认作情色，但后来摆脱了误解，让作品得到了正确的评价，从而使情色成为艺术。那么，为何在主张共存可能性的同时，要区别对待这类情况呢？理由是什么呢？

情色可以是艺术吗？根据理解程度不同，这个问题在现代艺术中，可能会被认为是非常琐碎和无聊的一个问题。例如，有人问："厕所也可以是艺术吗？"

当代艺术对这个问题的回答可能是"是的，现在任何东西都可以是艺术，不是吗？"毕竟，男性小便池成为艺术已经有100多年了。

现代的艺术哲学认为，当今的艺术已经摆脱了"美的追求""感情的表现"等传统意义上的特定本质属性，只要制度和背景适当，任何事物都可以成为艺术。另外，艺术定义问题（什么是艺术）也与价值评价问题（什么是好的艺术）相分离，人们会分开思考这两个问题。既然如此，为什么情色作品是个例外呢？

在任何事物都可以成为艺术的世界里，杜尚把卫生间的小便池和扫雪铲变成了艺术，就像从列支敦士登的漫画书中剪下的一张照片放大后变成艺术一样，某个人能把情色作品变成艺术已经不是什么有趣的事了。

实际上，昆斯的《天上人间》就是这样的作品。该作品主要通过照片形式，以创作者自己和意大利艳星及政治家妻子琪秋黎娜［La Cicciolina，其真名为伊洛娜·史特拉（Ilona Staller）］为原型，将两个人描绘成当代的亚当和夏娃，赤裸裸地展示了性爱与情欲。从外观上看，完全无法与情色区分。就像沃霍尔的《布里洛盒子》外观上与日用品无异，却被认作艺术作品一样，昆斯的作品也有可能如此。假设该作品是"关于情色的再现"，那么，这就是从知觉上完全无法与情色区分而成为艺术的情况。那么，在这样的现代艺术背景下，情色作品也有可能是艺术，这一点是不是已经得到了证明，还有必要再进行讨论吗？

但是，这并不是我们自己所希望的主张的本质，因此出现了共存的可能性问题。支持这一立场的人可能会指出列支敦士登的漫画作品不再是漫画。他们会说，这不是漫画和艺术的共存，而是漫画失去了本体性，成为艺术的情况。更别说《布里洛盒子》了，虽然多少有些争议，但昆斯的作品与日常生活中遇到的东西（情色）外观相同，也可以说不是日用品。

他们想要的，不是借用漫画或看似漫画的艺术。拥护漫画艺术性的人不会借用列支敦士登，而是漫画本身。即他们会主张"漫威漫画"或"无敌 pink 漫画"

其本身就是艺术。同样，主张共存可能性的人也考虑到，情色作品失去本体性，而成为艺术作品的例子。

因此，主张"情色艺术"的可行性，并不是单纯地依据制度原则，将某种日用品认定为艺术的论辩就能解决的问题。有必要分析情色作品所具有的内容和价值，即情色作品所追求的或构成情色作品的本质中，有没有与构成艺术的概念相冲突的。这就是基兰和梅斯共同倡导的共存可能性的方法。

虽然在这里事先透露了，但他们的结论是，没有引发这种概念冲突的属性。还有一个重要理由认为应该有"情色艺术"，这将在最后一节进行讨论。

对共存可能性的批判

那些支持情色艺术的人是如何维护自身主张的？他们不是从正面积极宣传自身立场，而是采取批判反对意见，即所谓的"消极"战略来实现其目的。也就是说，如果没有情色作品和艺术两者不相容的论据，那么他们的主张和立场自然就是正确的。虽然这看似是防守型战略，但实际上他们信心满满。

作为不相容的逻辑根据，最明显的是在定义上采取情色不是艺术的立场。1998年韩国宪法法院将淫乱定义为"作为歪曲人类尊严乃至人性露骨的、赤裸裸的性表现，只以引发性兴趣为目的，从整体上看，不具有文学、艺术、科学或政治价值"。

据此，淫乱的性表现除了"露骨""只诉诸性兴趣"等我们之前说到的两个特征外，还要求"不具有艺术价值"。如果情色作品是没有任何艺术价值时才成立的概念，就会具有自动确保不相容的特征。

但这在任何人看来，都是不妥当的提案。如果不能就约定性定义达成一致，就不能单方面地说"情色作品的本质性特征之一，就是它不能成为艺术"。在现实生活中，即使大部分情色作品都处于无法提及艺术价值的低劣水平，但在概念上并非如此。基兰说："在现实的情色作品中找不到艺术价值，是源于历史和社会结构因素所造成的偶然，并不是说因为不具备艺术价值所以才称为情色作品。"

我们一般在贺卡上画的画、青少年的恋爱小说以及晨间电视剧中，也很难找到艺术价值，但也并没有把"缺乏艺术性"看作定义这些概念的要素。西部片和侦探剧刚开始都是根据既定的票房公式制作的粗劣题材剧，但经过不断进化，最终也成为具有艺术价值的作品。因此，谁又能断言情色作品不会创造出这样的未来呢？也许这是为了将来做准备所采取的一个行动，是为了提醒人们要注意情色艺术也说不定呢。

"情色"和"艺术"之间没有矛盾或概念的冲突，这在其他情况下也可以继续适用。情色作品对性的描写与艺术不同，是露骨的，因此，让我们考虑一下两者的区分标准是根据性表现程度来区分的主张吧。这在传统立场上当然是值得提出的标准。

罗杰·斯克鲁顿（Roger Scruton）表示，属于情色艺术的作品不是通过性器官的细致描写，而是通过对象的表情来传达性暗示的，比如作品中女性表现出了服从男性意志的表情。相反，情色描写则能把我们的注意力从脸部和表情转移到其他露骨的身体部位和姿势上。也就是说，如果用不是像脸部这样的间接暗示手段，而是直接关注性器官或姿势，那么这不是艺术，而是情色再现。

这种解释让人不禁联想起关于"裸像"和"裸体（the naked）"的经典区分。根据传统的视角，裸体画是作为"理想形式的研究"，它不会因为赤裸的身体而引发羞耻与不适感。

如果只是展示赤裸的身体，则因其"无法隐藏"所具有的煽情性，不适合成为艺术。那么，我们能否将这一想法泛化，作为区分艺术和情色作品的标准呢？

但即便如此，主张艺术中的性应该用间接或暗示的方式描述，避开露骨的性再现带来的困惑和不快感，这样的立场也很难继续维持。如果前面提到的库尔贝的作品被认为是艺术，就已经是应对斯克拉顿的标准反例。因为这幅画在没有脸部只画着性器官的情况下，画中没有他所说的"人性交融"或间接暗示的契机。

在某些情况下，现代艺术的目标也正是这种不愉快和困惑感。有人想以词源为依据，区分情色艺术和情色，认为情色（根据情色这个词源）描写"爱情"，而情色（就像妓女这个词源）描写没有感情的"性"，但这也是些单纯的尝试。在现代艺术中，排除只涉及人类感官所支配的性行为是完全可能的。

关于裸体画，约翰·伯格等学者也提出了与传统见解截然相反的主张。即为了满足男性观看者的欲望，有意识地明示女性的裸体，类似于现在的情色。相反，如果无意识地暗示裸体描写，能体现出画家和模特儿之间的爱憎关系，则有可能是生动、富含个性、有价值的艺术作品。

对于传统立场所默认的标准，我们可能会继续进行这样的讨论，但仅凭这些，我们似乎就可以预测其结论。考虑到构成艺术概念的因素，很难断言情色作品的本质特征与艺术并存。即使性表现露骨或具有将女性对象化（objectifying）的视角，甚至拥护不道德的观点，其理由也不能说是因为艺术。当然，根据传统的艺术惯例，可以主张艺术不应该这样，但从现代艺术概念来看，认为这些是"非艺术"标准的主张都是靠不住的。

主张两者不能共存的人指出，我们现在所拥有的典型的情色作品中发现的低劣艺术价值的特征，并以此作为它们不能成为艺术的理由。而对于"共存可能性"的支持者，"偶然性"和"可能性"是对他们绝对有利的武器，利用它们可以轻易摧毁"不能共存"的攻击。

让我们来谈谈情色作品在艺术上无价值的特征。至少从目前盛行的情色作品来看，它们除了描写情节的盖然性、人物的性格、性以外，几乎不关注人物间的心理关系。但问题是，"目前占主导地位的情色作品"的这种说法，我们就可以看出，这些特征可能是偶然的。不能因为现在的情色作品是这样，就认为所有的情色作品都是如此。其他标准也是一样的道理。

艺术虽然复杂且具有多层次的结构，但只需展现一种内容的情色作品，可以说是无聊、一维、单线结构的。没错。艺术具有独创性，但情色作品充斥着制作公式和剪辑泛滥。情色作品只是大批量的工业产品，它不追求美，与依赖想象的艺术不同，只能依赖幻想（fantasy）罢了。这些都是对的。没有人否认典型的情色作品所具有的这种特性。

只是它们并不是情色作品的本质属性，而是偶然属性，因此很难成为主张艺术和情色作品不相容的根据。

因为未来的情色作品有不是"工业产品"的"可能性"，而"共存可能性"的支持者，将继续强调这一点。也就是说，即使目前我们不能提出体现这种可能性的事例，也没有任何问题。

即便如此，
也无法成为艺术的理由

共存可能性的反对观点，不可能同时欣赏

在上一节我们讨论发现，艺术与情色在概念上并无冲突，情色艺术完全可以成立。共存可能性的支持者们把"未来的可能性"也放在了自己这边，对此难道没有反对观点吗？如果说存在一部作品既是艺术又保留了情色的本质，我们通过这部作品又能获得什么呢？本节我们就来讨论这个问题。

前文提到，共存可能性的支持者们把违反现行情色艺术的支配性特征，认作偶然性。但是，若其中包含的并非偶然，而是情色本质特征的话，会如何呢？

也就是说，在对比情色本质特征的时候，即使是未来的情色作品，也会有一个很难除去的某个特定要素，如果说偏偏是那个特定要素违反了艺术的特征呢？比如，情色作品因为某种"必然"的理由，只能对情节和人物进行最低限度的投资，或者只能使用制作公式和陈词滥调的套路？那么此刻，也就意味着共存可能性的支持者们还未取得完全的胜利。

但是，在准备这种批判性的论辩时，似乎很难运用情色的两个本质要素中的"性露骨"这个条件。性露骨似乎不能成为阻止艺术发展的要素了。因此，有必要关注另一个条件，即情色必须以引起观看者的性兴奋为目的。如果该目的是必然的，那么情色只能被其目的所束缚，要想达到目的，必须寻求有效的手段。

要想有效地达到目的，似乎必须选择特定的再现技法、手段和样式。如果"必然选择"听起来过于强硬，那么可以相对化为"在特定技法 A 和 B 中，选择A 是必然的"，或者可以将其弱化为"选择特定技法的倾向性很高"。核心是如果这些技法中有不能与艺术并存的，那么"共存的可能性"可能会受到打击。

例如，现在典型的情色作品只涉及人类感官所支配的性行为。为了达到性兴奋的目的，难道只能以这种方式讲述性吗？恐怕不是吧！两个相爱并相互关心的人发生了亲密性关系，没有理由不引起性兴奋。实际上，包含这类内容，所谓的"女性指向性"的情色就已经存在了。

但如果是俗套或单线叙述的结构会怎样呢？跟上述的情况可能略有不同。虽然可能存在包含复杂结构和人类多层次心理描写的情色作品，但当它把引起性兴奋作为目标，这无疑是一个使效果减半的选择。那么，是不是可以主张，单线叙事结构等几种违反艺术的技法，不是在未来的作品中可以克服的情色的偶然属性，而是情色的必然特征呢？

这里的论辩源于"性兴奋"最终会阻碍艺术价值实现的想法。但是，基兰预想到了这样的反驳，并给出了答案。情色作品具有特定目的，但不会因此无法实现有意义的艺术目标。基兰认为情色片追求性兴奋的这个条件，与大众艺术为了获得大众性而过分依赖票房公式或缺乏现实性的幻想片是一样的逻辑。

假设为了实现大众性这一目标，大众歌谣在很大概率上，会使用既有的票房公式，如简单的旋律等，大众电视剧则会使用特定的拍摄手法让人产生联想等，实际上情色与这些情况类似。共存可能性的支持者也可能会这样论辩。

即使有这种可能性，但也不能说只要脱离公式，以复杂的旋律或忠于生活的再现，就不能获得商业性，如果提出以"商业性"（情色作品的商业性目的就是性兴奋）作为目的，就必定只能选择缺乏艺术性的技法。

现实中的事例表明，根据票房公式制作的作品不仅能获得商业价值，也能实现艺术上的成就。像前面提到的西部片或推理剧一样，根据公式制作出的作品也可以进化从而保证艺术性。因此，即使情色作品的目的是引起性兴奋，但可以与艺术并存的这一点也不会改变。

　　基兰为了证明情色的目的不阻碍艺术性，列举了宗教画等例子。即使把弘扬宗教（宗教艺术）、呼吁（宣传）支持特定政治势力以及物品销售（广告）作为收藏宗教画、宣传海报或广告的目的，它们获得"艺术成就"也不是不可能的事情。共存可能性的支持者表示，情色与此类似。

　　但是，宗教弘扬的效果和引起性兴奋的效果两者之间是有差异的。甚至对于创造商品购买欲和性兴奋，在我们讨论的目的上，两者也有重要差异。对宗教画和广告的艺术特征的欣赏不会妨碍效果的实现。我们在理解耶稣的牺牲并被感动的同时，也能被米开朗琪罗·梅里西·达·卡拉瓦乔的技巧所感动，关注可乐广告中活泼、充满节奏感的蒙太奇手法的同时，还依旧可以想象在海边喝一杯凉爽的可乐该有多爽。

　　但是在性兴奋的情况下，似乎很难同时进行艺术性欣赏。性兴奋，特别是典型的情色作品以异性爱为客体，男性的性兴奋无法忽视与肉体的关联性，而情色作品也应该是以这种反应为目的。这个效果必须精力集中才能实现，因此不允许精力分散。一旦精力分散，效果就会减弱。退一步讲，即使假设性兴奋和对艺术特征的欣赏不同时进行，而是轮流实现的，前者也会受后者的影响。也就是说，要想不减弱效果，性兴奋与艺术欣赏不可能同时进行。这一点与宗教画和广告不同。

从迄今为止的讨论来看，最终对共存可能性的论题，最像样的反驳就是效果或反应相关的部分。这也许可以说是情色和艺术之间的概念冲突或矛盾。但我认为，性兴奋这一情色作品的本质目标，有可能因把对象作为艺术欣赏的行为而受到阻碍或无法实现，这点将会对"共存可能性"论题造成相当大的打击。我们把它称为"同时欣赏的不可能性"。

但是，共存可能性的支持者可能会说这是无关紧要的问题。他们肯定会反问，为什么艺术与情色共存，就必须要"同时欣赏"呢？如果把作为情色欣赏和作为艺术欣赏的时间分开，又有什么问题呢？但确实会产生问题。因为如果承认同时欣赏的不可能性，或者承认对作品的艺术欣赏必然减弱性兴奋的话，那么在"共存可能性"论题中，支持者重视的实质内容有可能被清除。

为何需要情色艺术这一范畴

共存可能性的支持者会说："这是一部能充分引起性兴奋、不折不扣的情色作品。但是如果能暂时保持性兴奋并对其欣赏的话，这也是一部充满优秀技巧的艺术作品。"正如前文提到的那样，共存可能性的支持者希望这部作品在作为艺术欣赏时，能够停留在情色作品上。这也是提倡情色艺术这一新范畴的必要理由。如果说作为艺术欣赏和作为情色欣赏不是同时进行的，那么这个意义上的共存可能性论，就很难理解是否还有必要强调"既是情色又是艺术"。

那么，共存可能性的支持者认为的"情色艺术"这一范畴的实际必要性是什么？为什么需要这一新的范畴呢？当然，其原因之一如前文所提及的，没有依据证明双方是相互排斥的。但如果主张"没有理由不构成这样的范畴",那么这不就是哲学家的概念游戏吗?

支持情色艺术可能性的托马斯认为,以露骨的作品是艺术为由,不顾其暴力性和困惑感,就将其称为"情色的"这种现象,动机反而多少有些不纯。因为根据情况的不同,艺术恰恰会把那种不快感作为目标。

肯德尔·沃尔顿(Kendall Walton)曾主张,对作品美的属性的评价,根据范畴的不同相对变化。例如,在古典主义绘画中使用的,被评价为"大胆的"特定颜色,如果将它运用在更加自由的浪漫主义绘画中,即使颜色相同,也可能得不到同样的评价。颜色的效果取决于是古典主义还是浪漫主义的范畴。

假设有一部人物心理描写不到位的小说。如果这部小说属于推理小说的范围,那么这一点不足可能不会成为大问题。但如果这部小说属于心理小说的范畴,这个不足就可能成为这部小说的致命一点。对于一部作品,它的标准特征(standard feature)是由所属范畴决定的。因此，把一部作品作为情色艺术来欣赏和把它作为"虽然和情色很像，但不是情色，实际上是艺术的某种东西"来欣赏，都会给欣赏者和批评家们带来差异。

例如，埃贡·席勒（Egon Schiele）和罗伯特·梅普尔索普（Robert Mapplethorpe）的作品中性描写都非常露骨。此时，如果把它们看作情色艺术所属的范畴，把那些特征看作它的"标准"的话，那么与其他情况相比，批评家的工作就会出现差异。如果为了引起欣赏者的性兴奋，把露骨的性描写当作"标准"的话，那么批评家将以"露骨性描写是理所当然的"为前提，进而讨论这些作品的其他特征。换句话说，席勒和梅普尔索普把情色作品变成个性化作品，来讨论这些作品相关的特征，即可变特征（variable features）。

相反，如果他们的作品被归类为"情色艺术"，过于露骨的性描写会给人带来巨大冲击，因而会将其视为该范畴的非标准特征（contra standard）。那么，批评家们会持续关注这个非标准特征，并最终提供一个将其正当化的说明。这就像将历史画分类为风景画后，努力去解释画中众多的登场人物一样，这不仅会造成不必要的消耗，也可能会导致对作品产生误解。

因此，在这种背景下被支持的共存可能性，具有实践性的内涵。马斯认为，如果我们接受了情色艺术这个范畴，虽然现实中尚未被实践，但从理论上来讲，该领域是可行的。即"情色打开了可以充分进行艺术欣赏的天地"。

当然，这不是简单的问题。认为两者不能共存的观点，不假思索地接受了传统见解，如果充分关注到他们在理论或者概念上是没有根据的这个问题，将会鼓舞同时追求艺术和情色的实践精神，这个讨论也将超越空谈，具有实践性意义。

共存可能性的光与影

最终，共存可能性的支持者们认为，情色艺术的实践意义在于，把客体当作艺术来体验的瞬间，它是情色的事实也让艺术体验变得独特。这个关系类似于杜尚的《泉》作为艺术作品的本体性与它作为卫生间设施这一本体性两者的关系。在这里，把它看作小便池与把它看作艺术作品是同时发生的。准确地说，"把小便池看作小便池"和"把小便池看作艺术作品"这两件事情是同时发生的。《泉》描绘小便池的这个事实，影响了艺术欣赏的过程，同时也为我们打开了新的评论视角。

但是，不管是把它看作小便池，还是把它看作艺术作品，都是观念上的事情，在某种程度上这两种体验能共存，观念的转换在我们的脑子里能迅速发生，在两者之间可以来回切换。这跟在弘扬宗教的同时，能够获得艺术上的感动是一样的。因此，在可能共存的前提下，《泉》可以是比喻性地说明"情色艺术"实践意义的事例。如果再加上将《泉》视为艺术作品时不能将其视为小便池的设定，会怎样呢？比如像我这样，对于情色和艺术不可能同时欣赏的人可能就会有这样的想法。

欣赏露骨性再现的同时，进行艺术欣赏是可能的。

但是，像前文讨论的那样，把作品当作情色艺术，这完全超出了把它当作露骨的性描写的再现（或者说两者是完全不一样的）。因为能否引起性兴奋的效果才是核心。共存可能性的支持者们可能会问，为什么性兴奋一定要在艺术欣赏期间发生呢？现在进行的是艺术欣赏，在其他时候引起性兴奋，那不就可以了吗？但是，那样的话，其他时候的性兴奋该怎么获得呢？不是只有把它当作情色作品才能获得性兴奋吗？那么，"情色艺术"所指的"既是艺术又是情色"的对象，就会最终成为"只被当作情色作品的时间点和只被当作艺术的时间点，两者是各自单独存在的事物"。这与欣赏《泉》是不同的。如果共存可能性的支持者希望一部作品"是艺术作品的同时能被当作情色作品体验，也正是那种特别的方式形成了我们的艺术欣赏经验"，那么不可能同时欣赏的问题，给他们带来的困难会比想象中更大。

再现的透明性和艺术欣赏的性质

杰拉尔德·列文森（Jerrold Levinson）也认为

情色作品和情色艺术的区别在于，是否可以同时欣赏。他主张与艺术再现不同，情色作品的再现以透明（transparent）为根据。但这可能是依据错误理由而提出的正确主张。因为，欣赏情色作品内容的同时，对展现内容的方式、样式、媒介、技法、态度等最低限度的欣赏也是不透明的，这种主张反而具有说服力。

但是，如果情色的再现不是透明的，那么它会不会成为共存可能性支持者的有力证据？现在我们讨论的最后一个争议点就在这里。这就是我想问的问题。哪种程度的不透明足以使之成为艺术呢？

当然，情色的再现包含了对不透明的媒介和技法的担忧。比如，观看情色作品时，感知不到摄影机的角度，仿佛在现场观看男女交媾一样，像这样只沉迷于内容的主张是不合理的。即使是在情色片中，也是能感知媒介的存在的，但这种感知不会妨碍性兴奋。摄影机角度的变化带来的只不过是被动地"经历"而已。就像随着汽车的移动窗外的风景也在不断变化，而汽车的移动不会妨碍欣赏风景一样。问题如果是这种程度的话，能主张这是可以欣赏艺术的根据吗？在我看来不是那样的。

我认为，情色作品的欣赏和艺术效果的欣赏很难同时进行，原因并非在于前者透明，而后者不透明。而是因为两者均不透明，但情色的不透明度更"薄"，无法保证进行艺术欣赏。

即使是千篇一律的叙事，感知再现在一定程度上必然会包含对再现方式的感知。透明性指出了再现的双重性，对透明性的否定过于微不足道，这可能是欣赏艺术的必要条件之一，但不能成为充分条件。基兰的论辩是为了反驳不可能同时欣赏，试图弄清情色欣赏的性质。他的结论"这种程度的经验"可能具有艺术性。但是，根据如何看待艺术欣赏的经验，也有可能主张"这种程度的经验"无法达到艺术欣赏的水平。

那么艺术欣赏经验具有怎样的特征呢？艺术欣赏经验不只包含内容的展现方式、相关媒介、样式和技法、态度等，这些只是经验的一部分。我认为还包含对要素对象的"指向性（aboutness）"元认知、批评性的欣赏。

或许有人会提出反对意见，认为与我们欣赏艺术的一般经验相比，这过于理性、过于反省。但如果这里的论点是审美欣赏的话，那么反对观点有可能是妥当的。但是，对于感知客体审美属性的欣赏来讲，要求那种程度的反应是不合理的。

但是，这个提议是出于设定"审美经验"和"艺术经验"（或者说艺术欣赏的经验）的意图。如果说审美欣赏区别于艺术欣赏，把所有的艺术欣赏都认作元认知、批评性的欣赏也不为过。包括诺埃尔·卡罗尔在内的很多学者主张，应单独设定"审美的"和"艺术性的"固有领域。

在那种情况下，就可以说"艺术性的"本质是最终发现其意义的解释经验。无论是自然物还是人造物，对客体本身的感官魅力欣赏都是"审美"欣赏，当它不是自然物而是艺术作品时，超越客体本身，了解其意义的过程是"艺术"的欣赏。这也可以看成合理的固有区分之一。

安迪·沃霍尔曾拍过一部电影叫《帝国大厦》。该片在没有任何叙事的情况下，足足用 8 小时 5 分钟的时间展现了帝国大厦从早到晚的全貌。观看这样一部在固定场所拍摄的，长达几个小时，对象不变的电影自然十分无聊。但丹托曾这样评价这部作品，虽然作品本身很无聊，但制作了这样电影的人却十分有趣。

这里值得我们关注的是，观看这部作品觉得无聊，并不是从审美经验的层面上，而是为了体验短暂而兴奋的艺术的角度上来说的，欣赏的对象应该从"帝国大厦的再现"转变为通过"沃霍尔电影这一媒介再现这种不移动的对象"。

虽然这是为寻找鲜明事例而考虑到的极端情况，但我认为这种包含对作品的解释和评价的批评性欣赏才是对于作品的艺术欣赏。对于《帝国大厦》，这种欣赏是对电影媒介的反应，是对电影艺术家使用那种媒介方式的反应，是对其中产生讽刺（选择适合的移动媒介用来记录静止对象）的解释性、评价性欣赏。要想实现真正的艺术欣赏，只体验摄影机角度的变化是不够的，对于变化带来的效果和效率，也要从元认知、批评性的角度予以关注。

让我们再回到情色作品。也许我们对存在艺术欣赏场面的情色欣赏，是通过如何认知客体在性方面是露骨的这个事实而形成的，而不是通过关注性露骨的对象。而且，如果关注的性质具有这样的特征，那么当然会妨碍欣赏引起性兴奋的情色作品。

比如，我们想一下"POV（Point of View）"或者被称为"刚左（gonzo）"情色作品①的题材。就是出演情色作品的演员，把摄像机放在与自己相同的高度上，直接操作，拍摄跟自己发生性行为的对象，这是从自身视角来进行拍摄的一种方式。它着眼于情色作品具有实际性行为替代物的性质，是为了创造出更加真实的幻想而创作的技法，这对于引起性兴奋会更有效果。欣赏者在关注内容的同时，也能感知到与以往技法不同的变化。但是仅凭这些并不能确保达到艺术

———————————
① 以第一人称视角叙述的缺乏客观性的新闻被称为"刚左新闻主义"，"刚左"情色作品由此而来。——译者注

欣赏的层面。在这种情况下，只有从元认知（即使是停留在"因为摄像机的位置才有这种真实的感觉"的程度）上认识到这种变化的效果时，才能进行艺术层面的欣赏。

我认为所有的艺术欣赏，如果没有误会和错觉，只要把客体当作艺术欣赏，都会包含一定程度的元认知和批评。当然，这种主张可能会引起争议，但也应该承认，典型的艺术欣赏一直强调艺术经验具有元认知性质，是因为越是强调元认知越能展现艺术欣赏很难与性兴奋同时存在。如果情色作品的再现也只是再现的话，它不可能是透明的，那种程度不足以支持情色艺术的存在。因为，为了能够达到艺术欣赏的程度，我们应该充分地认识元认知不透明的部分，并从批判性的角度看待它。但是，这种欣赏进行的期间，情色作品的本质功能——引起性兴奋就会被妨碍或者被中断。

所以，不管和情色如何相像，甚至毫无差别，元认知不透明的那部分也不是情色作品，它可能是与情色作品有关的东西。虽然不能断定它是否能成为艺术，但是将情色转移到成为艺术的角度，到了现代，不管是以杜尚还是以沃霍尔为起点，都揭示了这种可能性。这些"不是"情色作品而是艺术。而且，以这种方式追求多样性和新的可能性，从压迫中解放出来，颠覆和揭露所谓"赤裸裸的性表现作品也是我们生活中需要和值得认同的"主张时，似乎可以起到某种作为理由的作用。

但真的有必要要求，像共存可能性论题所主张的那样，"艺术做这一切，但还必须保有情色作品的本质"吗？对情色艺术可能性的讨论，让我们在此重新审视惯例区分，从这一点来看，确实具有启蒙性的价值，也正是得益于此，我们今天才能走到这里。但是，引入这一范畴的必要性令人怀疑。而且，如果到目前为止的讨论都还有些道理的话，说不定还真的有可能。

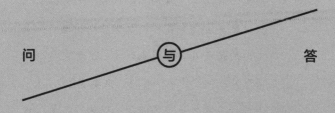

問 与 答

对于内容—功能定义的反
例是什么呢?

我们会想到恋人或夫妇为了达到性兴奋,
私下拍摄的照片或个人录像。它包含着露骨
的性内容,观看的人(在这种情况下,成为
拍摄对象的自己就是唯一的"有意图的观众")
如果能够承认以性兴奋为目的,那么个人录
像就满足"内容—功能"的定义。

但是,没有隐藏的其他意图,纯粹是为
自己制作的这些录像,究竟是否属于情色片
尚且还有争论的余地。当遭到泄露违背了制

作者的意愿时，我们可以认为，向传播它的人追究罪责是合理的，至少可以指出它不是流通的情色片。有观点认为，这种把与个人录像外泄相关的事件称为"报复情色"，从术语表达上，就是不恰当的。因为"报复"这个词不仅被错误使用，而且还被认为不属于"情色"。

如果同意传播，个人录像符合内容—功能的定义，而不作为情色看待的话，这可能就是对于情色定义的反例。当然，不想承认这种反例的一方有可能再次反驳说，个人录像的首要目的不是观看者的性兴奋，而是增加纽带感和亲密感。

迈克尔·雷（Michael Rae）提出了以下思想实验（thought experiment）。让我们想象一个虚拟的计算机系统，让它计算出在特定情况下，卖什么产品最赚钱。在输入从未观看过情色内容的某个岛的资料后，该系统开始制作并销售类似《花花公子》的杂志。随后，情色杂志开始在岛上发行，和在我们的社会中传播的原因一样。难道我们不应该把这个岛上的情色作品看作存在的吗？但如果按照该实验的设置，制作者对出售的物品和内容根本不感兴趣，只以利润为目的。也就是说，没有将观看者的性兴奋作为最优先目的，这样的情色作品便能说明内容—功能定义存在缺陷。

所以说，这是不是成功的反例，可能会有争议。例如，在这个案例中，为了防止计算机的分析结果被解读为"通过引起性兴奋的媒体实现利润最大化"（如果解读成那样，也可以看作出于性兴奋的目的），则会记述为"制作类似于《花花公子》杂志的书籍，实现利润最大化"。但这究竟是有说服力的"妙招"，还是"小伎俩"，还有待观察。

为什么要反对莱文森的"情色作品的再现是透明的"观点？

通过作品再现的对象，不像我们亲眼所见那样，完全靠内容就能体会。就像"用油画画的玫瑰花""为新闻而编辑的事故现场录像"一样，可以和再现这一场景的媒体一起欣赏。油画和电视等媒介的介入越严重，通过这些"玫瑰"和"事故"的经验就越被视为不透明的东西。

莱文森认为，情色要求以性兴奋为目的做出特定反应，这种反应必须类似于直接看到对象。应该排除对作品的传达手段、形式、媒介、态度等的考虑。情色内容的再现是透明的，这意味着就像透过透明而没有扭曲的玻璃窗看到实际对象一样。

根据莱文森的观点，艺术（情色艺术）

从本质上考虑媒体追求性刺激（stimulation），不透明的情色艺术和透明的情色作品之间没有共同点。

但从理论上讲，所有媒体都不是透明的，所有再现基本上都是双重的。同时还将看到再现的内容和再现的方式。情色作品中当然包含了再现的形式和态度，即使是单纯的消费者也会体验到内容和这种再现方式。

当然，我们对待情色的时候，不是看展览会上的艺术照片（明显不透明），而是看报纸上的报道照片（相对透明）。因此，虽然透明性是多少有些过分的概念，但它也可以为莱文森辩护说："为了强调这一点，可以谅解。"

但是，以图画为重要欣赏重点的不透明媒介——漫画和动画片也可以用于情色作品。因此，很难以所有情色作品的再现都是透明的为由，主张情色作品与艺术作品不同。

第三章

一个 糟糕的 笑话

—— 幽默

//////////

中看艺术的道德价值

玩笑是不道德的吗？如果从歧视女性或种族歧视的角度出发开玩笑，那应该就是不道德的。由于这种非道德性，玩笑的价值——趣味和幽默反应就会减半吗？这又是另一个问题。

关于玩笑的哲学问题

相比于我们对喜剧的兴趣，这个问题似乎很少被当作正式的哲学问题来进行探讨。就像亚里士多德的《诗学》以诗歌的形式提到喜剧，最终却只讨论悲剧一样，喜剧、幽默、笑、玩笑等是常在智者讨论中被忽视的主题。在《玫瑰的名字》中，翁贝托·埃科展现出的想象，似乎刻意疏远了对该领域的探讨。不管怎样，要想真正理解这一复杂且最具人性的活动，我们还有很长的路要走，而且还要综合多方面的探讨才能将其实现。

我归纳了三个与幽默相关的问题，可能一些哲学家和美学家会感兴趣。但从目前的情况来看，这些问题不仅不能全部给出答案，而且很难设定如何提问及进行讨论。

第一个问题，也是所有哲学问题的核心：幽默的本质是什么？约翰·莫瑞尔（John Morreall）是长期致力于这一领域相关主题的研究者之一。其编著的作品是关于笑与幽默的"传统理论"。主要以柏拉图和亚里士多德为主，并涵盖了霍布斯、康德、弗洛伊德、柏格森等主要哲学家的观点和看法。

当然，从数量和主张的内容来看，只有极少数观点超越了片面性，可以称为理论。然而即便如此，在传统的幽默理论中，确实有三种不同的理论是根据他们的某些主张提出的。例如，康德和哈奇森提及的"失谐论（incongruity theory）"。霍布斯和弗洛伊德分别阐明的"优越论（superiority theory）"和"释放论（relief theory）"。但是，它们是否算得上现代意义上的有关幽默本质的理论，目前尚没有明确的答案。

虽然人们普遍认为失谐理论比其他两种理论更可

信，占据相对优势，但这并不意味着此理论没有任何问题。对幽默一般性理论持否定看法的怀疑主义似乎更有说服力，他们认为不可能存在这样的本质理论。科恩（Ted Cohen）称，所有关于幽默的传统观点都是不充分的，即使存在关于幽默的一般性理论，那也太模糊，不能说它具有参考价值。从这点上看，也许关于幽默的哲学讨论，对这些传统理论的局限性，是最近才进行反思的。

第二个主题是美学问题，幽默是否可称得上是"美的东西"。也就是说，幽默经验是审美经验，还是隶属于一种美的属性问题。在传统意义上，幽默一直是一种审美范畴。但就像第一章对美的东西进行的讨论，无论是审美经验还是审美属性，它都无法避免争议性。因此，对涉及该领域的问题，若想期待得到确切的回答也是不可能的。毕竟，在某种层面上幽默这一主题与审美效果、审美价值还是有着相似之处的。

在对幽默和玩笑进行哲学和美学探讨时，涉及的第三个问题就是所谓的"幽默伦理"。这个主题在莫瑞尔和科恩的先行研究中也被着重提及，他们主要探讨了不道德幽默的存在及其美学和伦理意义。特别是最近在分析美学中，随着艺术价值的广泛讨论，出现了关于美学、艺术价值和伦理价值关系的讨论，这为我们重新审视幽默，如何理解幽默及其相关现象，提供了思考的契机。

在这一节我们着重探讨与幽默、玩笑概念相关的话题，下一节将一起思考，如何判断作品具有非道德性。最后再一起看看，玩笑的道德性和艺术价值，以及玩笑的伦理性问题。

玩笑与幽默、笑之间的区别

玩笑、幽默和笑三者紧密相连，从广义上看，三者有时可以互换。例如，当说到"韩国人的笑"，在这里"笑"这个词有"玩笑"的意思，也有"幽默"的意思。但从常识上看，它们之间有明显的区别，明确这种区别对我们接下来的讨论很重要。

幽默，用我们的话来说，就是所谓的"滑稽"。玩笑（joke）也包含着滑稽的成分在内，是一种幽默，但并不是所有的幽默都是玩笑。从房地产中介室的椅子上滚下来的裴三龙，以及装扮成企鹅的沈炯来的短腿步态闹剧，是幽默而非玩笑。日常生活中，无意间跌倒、滑倒以及摇摆都很滑稽，只要不过分，不引起恐惧或怜悯的话，都会让人忍俊不禁。机智的语言和文字游戏虽与玩笑不同，但也可以被看作滑稽。因此，从滑稽的角度来看，幽默的涵盖范围比玩笑更广。

另外，玩笑和幽默二者层次不同。与玩笑不同，幽默不仅指的是滑稽对象的种类，还可以指代对象的属性。主要围绕美和崇高的传统审美讨论，通常将优雅、悲壮（the tragic）等列入"滑稽（the comica）"的讨论对象，常被翻译为"诙谐"的幽默也是作为滑稽的子范围进行讨论。

在滑稽的子范围中，主要有幽默、讽刺（satire）、机智（wit）、反语（irony）等。当然，为了强调这些东西美的"属性"，用"humorous, being humorous"，"the witty, being witty"等来表达，似乎更为准确。

因此可以看出，我们可以区分滑稽、作为笑柄的幽默、对象具有滑稽属性或具有引人发笑特征的幽默。

像"有幽默感的人"，就是把能够感知滑稽，并运用其能力将幽默视为属性的一种表达。因此，从这个角度来看，对玩笑的讨论和对幽默的讨论是不一样的。两者的差异，就好比说玩笑是小说，幽默则是更全面的范畴——文学。如果说玩笑是指作为对象的艺术作品，那么幽默则是指该艺术作品所具属性之一的审美属性。

如果幽默与滑稽的属性相关，那么"滑稽"和"笑"有什么区别呢？首先，笑是与我们身体（呼吸、空气流动、面部肌肉运动等）有关的现象。当然，并不是所有的笑都和幽默有关。我们在空虚、荒唐、惊慌、害羞、想隐藏某种想法、阿谀奉承，或者因其他社会因素也会发笑。挠痒，甚至有时在被称为"笑气"的一氧化二氮的作用下也会发笑。总之，有感到无趣的笑，也有很多不伴随内心快乐的笑。

但是，这种笑并不是我们在这里关心的对象。在有快感的笑中，夹杂成就感、满足感、安全感等积极情绪的笑，也可以排除在我们的讨论对象之外。也就是说，当你问"我为什么要笑"时，这里说的笑，并不是与幽默相关的分析对象。如果"笑理论"涵盖了全部笑的现象，是一个一般性理论，那么，这样的理论当然是我们最期待的。但是，它们除了肉体反应特征以外，几乎没有什么共同点。这就是为什么我们会说，对幽默的探讨不等同于对笑的讨论的原因所在。

因此，如果我们将主题设定为"笑"，也就意味着必须是与玩笑和幽默相关。换句话说，"因为滑稽而发笑"，仅仅指代具有审美属性的幽默知觉（滑稽）。所谓幽默的知觉，不是指"理解"玩笑为什么滑稽，而是把玩笑当作滑稽来"感受"。有很多玩笑虽然可以理解，却并不滑稽。

但如此一来，在我们感兴趣且有限的笑的范围中，我们好奇的"笑"，似乎不是指通过外部可观察到的行为的笑。感到滑稽时，我们可以微笑而不是发出声音，当然也有可能连微笑都不露出。因为笑是一种肉体反应现象。但是，如果笑作为对幽默反应的一种内心状态，就没有这个必要。因此，我们关注的是作为审美反应的"滑稽"，而非肉体反应的"滑稽"。回想一下悲伤和眼泪的差异，可能会更容易理解。即使面对死也不会掉眼泪，但"悲伤的事情就是悲伤的事情"。

幽默的因果性提问和概念性提问

我们对幽默的兴趣在于，某个对象引发笑时我们的内心反应。让我们暂且把滑稽或幽默看作对象所具有的属性。因其属性知觉而产生的心理状态则被称为"幽默反应"。现在我们面对的不再是笑的本质，而是幽默反应的本质问题。根据莱文森提出的区分，这种相近就是概念性的。概念性的提问有，构成幽默反应这个概念的必然要素是什么？或者说滑稽作为一种属性，其本质是什么？与此不同的因果性提问则有：是什么让我们发笑？是什么让我们产生幽默反应？

对概念性和因果性提问的这一争论，类似于对美的主观性和客观性的争论。如果我们以幽默反应的主观性为前提进行发问，则会有"什么时候我们会觉得对象很滑稽"这种疑问。若这个问题被理解为因果性提问，可能很难得到适当的答案。因为，根据人和情况的不同，任何东西都有可能被认为是可笑的。

如果我们把这当作一个概念问题来发问，"滑稽的现象特征是什么？"答案只能是"感到可笑"。如果说滑稽（幽默）、美、崇高等是一种审美反应，那么它内在、心理上的特征只能是一种快感。就好比美的快乐和崇高的快乐，除了其对象差异（前者是具有比例和协调的对象，后者是具有压倒性大小的对象）带来的区别以外，在现象上难以解释说明一样，对于幽默快感的独特性，恐怕也没有其他方法去描述。

但是，即使没有明显的现象特征，从概念上讲，有没有以幽默反应的快乐为特征的要素呢？莱文森提出，我们之前所说的"非问题核心"的笑，可以成为重要的概念要素。他提议："某种东西成为幽默的必要充分条件是，它具有能够引起特定快感反应的倾向。即在没有其他理由的情况下，只是通过认知它，就能对处于适当位置的人（从信息方面、态度方面、感情方面做好准备的人）产生特定的快感反应。这种反应的本质特征，就是通过引发笑这一事后现象的倾向性而形成的。"也就是说，幽默反应的特征是具有"让人笑的倾向"这种必然特性的快感。

在女儿的才艺表演会上，听着她演奏的钢琴曲，也许会让你微笑，但这种快乐并不一定与"让人笑的倾向"有关。因此，我们说这种快乐不是幽默。通过努力取得成果的快乐，突然迎来幸运的快乐，甚至是对饮食表示满意时的反应，都可以让人发笑，但在解释这种快乐时，它们与"让人发笑的倾向"也并非有着必然联系。与之相反，幽默的快乐则必然具有这种倾向性。

由于其必然特性是"有倾向性"，所以，这就意味着我们有幽默反应时，并非一定要笑。实际上，即便当时没有笑，但心里感受到的不是其他快乐，而是一种让人发笑的快乐。虽然这种现象性感觉可能属于少数人，但至少这种"让人发笑的快乐"也是构成幽默的必要条件。

失谐论的可行性和局限性

让我们想一想，"如果某件事很滑稽，那么这件事具有怎样的属性呢？"这是对"滑稽"的属性对象、形式特征的提问。从强调主观性的立场来看，对这种形式特征的存在是持怀疑态度的。就像看着那些因某件小事就会"咯咯"笑的孩子一样，他们可能光看滚动的落叶都觉得好笑。无论是什么对象，根据主观状态的不同，都有可能会感到好笑。回顾美学历史，不限定立场也并不罕见。

即便如此，"落叶"是否具有好笑的"属性"，这一问题仍然存在。因为可能存在与反应相关的认知因素、对象形式因素。其实，列举落叶这一例子，其前提是"一般而言根本不好笑"，所以才会有上述的问题吧？虽然滑稽是一种依赖反应的属性，但似乎也可以举出对象的某些形式特征。传统理论认为，与之对应的就是对象的"不和谐（incongruity）"，也就是失谐论。

失谐理论在传统的三种幽默理论中最受欢迎。以莫瑞尔为首的，卡罗尔、莱文森等都认为，失谐理论是关于幽默的最基本、最正确的理论。虽然卡罗尔同时还支持叔本华、克尔凯戈尔，其自身存在争议，但也可以将他归类为康德和柏格森失谐理论的支持者。

当然，这也是有根据的。因为他认为，幽默的本质与对象所具有的"不和谐的知觉"的相关立场，与优越论和释放论相比，至少有着更广泛的适用性。

霍布斯说："笑的情感不过是发现旁人的或自己过去的弱点，突然想到自己的某种优越时所感到的那种突然荣耀感。依据这个'优越性理论'，可以解释看见某人因踩香蕉皮滑倒引起人们发笑的现象。但是很难想象，'机器人之王是嗡嗡作弊'[①] 等玩笑幽默中掺杂着的'优越感'或'突然的荣誉'究竟在哪里。"

面对突如其来的变化而发笑。对此，康德解释说：

---

① 机器发出的 chicking 声响与韩语中"炸鸡"的发音相似，曾在一段时间内成为韩国社会的玩笑话。——译者注

"笑是一种从紧张的期待突然转化为虚无的感情。"不断发展的妙语（punch line），将通常可引发笑声的玩笑、笑话、诙谐讽刺性言论进行更恰当的说明。在大体框架上，可以解释为，妙语前的预想与之后出现的现象存在着某种不和谐，由此引发了笑。

但在我看来，说明的广泛性既是失谐论的优点，也有可能成为怀疑其理论妥当性的理由。正常走路的人踩在香蕉皮上滑倒是不和谐，像"chicking"这样的机械音合成词变成了意为"王"的"king"是不和谐。

卡罗尔引入"玩笑话（Meta Joke）"的概念（例如曾流行过的崔佛岩系列或虚无搞笑等），将玩笑的习惯本身作为素材，认为这种玩笑也会被现有的妙语所忽视并最终打破，这也可以用失谐理论进行说明。也就是说，打破出现有趣事物的预想，也是不和谐。

但实际上，所有的夸张、所有的不和谐、所有的不正常、对一切规范的忽视或歪曲（概念、逻辑、语言规范、典型性，甚至道德性或礼节）都有可能被视为不和谐，这真的是理论的优点吗？

当然，如果给定的情况引发幽默反应，那将有利于说明失谐理论框架内所论述的内容。因此，虽然对象所具有的不和谐并不是幽默和玩笑的充分条件（因为我们的笑，并非全是因为不和谐），但我认为它可以成为必要条件。如果不和谐的概念是如此宽泛的话，过于简单和过于复杂的东西都被其涵盖在内。那么，必然会出现无视实际差异的虚假性结果。

例如，万有引力定律被打破的情况和恋爱劈腿的情况，如果将两者的共同点解释为，都打破了标准或规范，那么，其解释的妥当性完全值得怀疑。对于失谐理论的质疑，尽管内容不同，但这一切最终都是不和谐的，所以是否可以主张其与幽默有关联令人怀疑。

寻找幽默属性的形式特征是难题。除了"让人觉得滑稽"之外，可以说，没有任何形式的对象，但我们也不得不承认幽默这种属性的规范性。也就是说，"这里有（或没有）幽默的属性"的陈述似乎有其真实的情况和根据。

这里有一个传统的韩国谜语，"依靠吃屁活着的是什么"①，答案是"蚕"，因为蚕吃桑叶。某人听了这个谜语后，觉得很有意思，于是想讲给他的朋友听，却不小心说成了"靠吃桑叶活着的是什么"。但不管怎样去描述幽默这一属性，它都存在于"吃屁的蚕"中，而非"吃桑叶的蚕"和"随风飘起的落叶"中。

当然，"随风飘起的落叶"也可以成为幽默。只不过在这种情况下，其整体脉络将再次成为规范判断的对象。而像"我觉得很滑稽"这种主观判断，则不能被称为幽默。虽然目前还不能确定其形式上的特征，但是为了接下来的讨论，我会以这种审美属性判定的规范性立场作为前提，即对所有人来说，都觉得滑稽的事但实际上并不滑稽的立场。

---

① 韩语中桑叶的发音为"嘣"，与放屁声相似。——译者注

当艺术遇到
道德问题

对艺术的道德评价

虽然对艺术的道德评价，目前还未得出充分且确切的结论，但让我们暂且以上一节对玩笑和幽默本质的讨论为基础，来谈谈幽默的伦理问题。该讨论以"不好的幽默"，即不道德的玩笑为前提，从"究竟哪些玩笑是不道德的？""玩笑是否能成为道德评价的对象？"等问题出发，逐步开展。这些问题如实反映了有关艺术道德评价的长期争论。在谈论玩笑的不道德性之前，让我们先从一个更普遍的主题——艺术的不道德性说起。

这里最基本的问题是，艺术作品能否成为道德价值评价的对象。奥斯卡·王尔德曾写道："没有有道德的书，也没有不道德的书。只有写得好的书和写得不好的书。"这是一种极端的浪漫主义观点，但从严格意义上说，这并不妥当。艺术作品是意识的产物，也是对欣赏者产生影响的对象，与其他所有文化产物或制度一样，它可以成为道德评价的对象。

但问题是，这样的道德评价是否会对艺术价值评价产生影响。"什么样的艺术作品是道德上、艺术上的好作品？"或者"不道德的作品，在艺术层面上看，也应该是不好的作品吗？"

艺术就像道德教化一样，具有"艺术以外的"目的，但只要它不是艺术的固有目的，那么，艺术价值和道德价值就是两回事。这被称为自律主义。

但是经过 20 世纪 90 年代，对作品和美学上的这种看似理所当然的见解，引发了人们的重新思考。这是经历浪漫主义和现代主义后，与否定以道德为标准评价艺术的艺术至上主义和纯粹形式主义持有的相同立场。这种再思考，似乎与对艺术本质和功能的歪曲、片面理解的现代反省有关。

在分析美学的阵营中，也出现了关于艺术是否具有美学以外的价值，即认知价值和道德价值的新讨论。与此同时，对道德价值和艺术价值的关联性，也出现了一些质疑。例如，虽然道德价值和艺术价值是两码事，但接受道德价值评价总是对接受艺术价值评价产生影响，甚至出现了最终采取两种价值评价相同的立场。这种立场被称为道德主义或伦理主义。

另外，如果承认道德价值和艺术价值之间的影响，那么这二者之间的问题就可能接踵而来。如，道德价值的增加会导致艺术价值的增加吗？非道德的成分增加只会导致艺术价值的减少吗？

从常识的角度，回答是"对的"。但也有学者认为，并非任何时候皆是如此。有时，作品是非道德的，但艺术价值会提升。如果一定要给该观点的支持者起个名字，我们可以称为"脉络主义"或"非道德主义"。

但是要进行讨论，我们会提出作品的道德价值评价是以什么为标准的问题。作品可以在多个层面上引发道德问题。但不能说所有方面的道德问题都与艺术价值有关。对于这点我们可以参考詹姆斯·哈罗德（James Harold）的观点。

判断作品道德性的间接理由

作品首先会在制作过程中得到道德评价。乔尔 - 彼得·威特金（Joel-Peter Witkin）是一位以身体畸形的人或尸体为素材，拍摄照片的摄影家。如果他在获取照片的素材——尸体的过程中，或在未得到拍摄对象许可时，做出一些难以捉摸的异常行为，那么从这个意义上说，作品可以被称为非道德的。

导演贝纳尔多·贝托鲁奇（Bernardo Bertolucci）在拍摄《巴黎最后的探戈》的性爱场面时，并没有得到女演员同意。此事后来才被曝光。所以，即便纠正了电影中被夸大或歪曲的部分，该作品也很难摆脱侵犯人权的道德谴责。

如果提到浪费生命，我们可能很容易想到，为了创造出作品《原谅》（*Forgiveness*）而剪下了数千只蝴蝶翅膀的达明安·赫斯特（Damien Hirst）。对与其类似的作品，我们完全可以提出道德问题。然而，对于严格遵守制作组用餐时间的奉俊昊导演来说，还有可能得到"伦理性、道德性"的称赞。

另外，如果作品有诽谤或亵渎某人的意图，或是有为存在道德问题的人物或事件洗白的意图，不管其意图体现得明显与否，亵渎是否成功。从制作意图上看，它都是非道德的作品。但是，比起通过意图推测作品，以作品为手段来推测意图的情况似乎更多，因此在这方面一直争论不断。

如果摄影师安德里斯·塞拉诺（Andres Serrano）的作品《尿溺中的基督》（*Piss Christ*）是为了亵渎基督教而创作的，那么对其意图的道德批评是正当的。但作者否定了这个意图，评论家露西·利帕德（Lucy Lippard）对它的解释是除了亵渎神灵之外，还解释了其他意义。所以，仅凭将十字架上的耶稣像放入尿液中，很难据此推测作家的意图，并以此为依据判断作品是不道德的。

　　但最常见的是，作品对欣赏者的影响或效果方面的评价。事实上，在我们的传统社会观念中，包括猥亵在内的，经常被提及的有道德问题的作品，大都基于"会使人性堕落"的惯性忧虑，是以"对观赏者产生或可能产生影响"为依据判定出来的。这是从柏拉图时期就确立的一种古老的判断标准，其初衷是担心诗歌既不能提供任何知识，又动摇人们的情感。

　　但是，即使它成为社会常识的标准，也很难将其视为"作品"的道德价值评价标准，因为影响和效果往往是偶然的、可变的。比如说，与作品意图无关而产生的效果，或是对作品某一部分的反应而产生的效果，根据这些就将该作品定性为不道德，是不妥当的。

　　虽然这是一个无法证实的谣言，但如果《黑色星期天》（*Gloomy Sunday*）这首歌真的在 20 世纪 30 年代，促进了匈牙利自杀率的上升，而这首歌中不存在煽动自杀的内容，那我们就不能说，它是不道德的。事实上，对于处在某种情况下的人来说，即使阴郁的音乐可能会在心理上产生某种影响，那也纯粹是偶然的。假设，赞扬自由民主主义的小说刺激了政局，引发了反民主的政变，也不能说这部小说是不道德的吧？

当然，关于效果的讨论并没有就此结束。虽然我们很难区分，与作品无关的、偶然社会效果的道德性和作品很容易被欣赏者理解的、认知效果的道德性，但还是有必要尝试一下。这将在第四章进行讨论。在此之前，我们先对艺术中的道德价值进行区别。因为到目前为止，所说的制作过程、制作意图、社会效果等评价标准也可以适用于非艺术。

评价制作过程或效果的道德性是将艺术当作一般事物所进行的。当然，艺术也应该是这样评价的对象。但如果是这样的道德问题，就很难断言其与艺术价值有关。为了评价影响艺术价值的道德性，首要的是指出作品道德性的内在原因。

内在原因：观点的道德性

一定程度上，内在原因能通过作品的信息、观点、解释等得到体现。虽然，艺术作品不能像文字一样被视为"人格体"，但作品也会表明某种态度和观点，也会表现出对特定信息的赞成和反对。当然，也有如实反映作家实际态度和观点的情况，但并不一定都是如此。

如果是想象力丰富的作家，也可以写出非实际态度和观点的作品。我们可以通过解析"内在作者（implied author）"，窥见作品观点和态度。一个作品的内在作者不同于小说的第一人称，如果某部小说将"我"作为观察者，并具有与作者不同的世界观，那么这部小说中的观点，既不是实际作者的观点，也不是内在作者"我"的观点。

正是在这类作品中，如果内在作者，主张或认可道德谴责，那么，从艺术的内在标准来看，该作品可能是不道德的。有时，这也可以看作对"作品所规定的（prescribe）"反应，或作品"所要求的"反应的某种评价。换句话说，作品可以要求观赏者同意具有道德含义的特定前提，或者通过想象做出反应。

例如，描写性别歧视或种族歧视的作品，可能会让观赏者认为，反感是理所当然的反应。但作品也可能会通过叙述的方式和态度，要求观赏者同意这种种族歧视的视角，并认定它是世界上理所当然的事实。因此，如果这些要求中包含了非道德性内容，那么，这样的作品就可以说是不道德的。

卡罗尔认为，布莱特·伊斯顿·埃利斯的小说《美国精神病》就是这样的例子。也就是说，作品要求将残忍地连续杀人视为喜剧性行为。这部作品可以看作对 20 世纪 80 年代贪婪的美国社会的讽刺。但是，对杀人的赤裸裸的描写，观众在道德上难以接受。所以，在影片要求对讽刺和黑色喜剧做出适当的反应时，观赏者可能无法做到。卡罗尔说，这就是艺术缺陷来源于作品道德缺陷的一个例子。

总之，所谓的与艺术相关的道德评价，不管是看作"内在作者"的道德性，还是"要求反应"的道德性，都可以理解为是通过解释这一合理过程，来评价作品的观点。这不是通过前期资料体现的作家观点。如果用作品的态度或观点来评价作家，那么，这就又退回到对意图等要素的评价上。

如果不道德的判定依赖于这些艺术的内在标准，这可能会使现实中许多关于不道德艺术的讨论变得尴尬。实际上，被卷入道德问题争议的作品中，大多数不是从社会影响或预想效果的角度被判定为不道德的，而是从该作品所支持的观点，被判定为不道德。

其中一个例子就是丹托，丹托既是一位杰出的分析美学学者，同时也是一位美术评论家。他对曾引发淫秽争议的梅普尔索普的作品，进行了解释和辩护，并且出版了文章《在边缘上游戏》（*Playing with the Edge*）。梅普尔索普最具代表性的作品是《吉姆索萨利托》。该作品拍摄了一个男子向另一个男人的嘴里小便的场面，通过 3 张照片展示了两个男人间的同性之恋。它同时打破了人类两种最基本的禁忌。随着对该作品的指责和争议愈演愈烈，美国保守的国会议员称，"梅普尔索普是在用艺术进行诈骗，实际上是在创作情色作品"，并对利用国民税金组建的艺术振兴基金表示了愤慨。

丹托在他的评论中提到了著名摄影师盖瑞·温诺格兰德的《女人很美丽》系列中的一些作品。该系列作品中的照片几乎都一样，温诺格兰德路过街头时，无意用镜头捕捉到的女性们，大都"毫无防备"。

虽然，那些女性是温诺格兰德拍照时最先看到的对象，但他的镜头，大部分都是背对着那些女人，或者是女性看另一个男人的视角。虽然，照片中女性的裸露并非完全是赤裸裸的。但是这位"偷拍"的创作者，以及照片里男人对女性的看法却非常露骨，无法隐藏。对于这点，温诺格兰德在采访中也并未否认。考虑到种种因素，我想可能连《女人很美丽》这个题目也会引发进一步思考。

丹托认为，温诺格兰德的作品是淫秽的，而淫秽与否，不能用穿衣和脱衣来区分。此外，丹托还称："梅普尔索普的作品虽然裸露，但在以性为主题方面却表现出了正直感，对禁忌的挑战也非常直率。"梅普尔索普作为性冷淡者，在不隐瞒自身认同感的情况下，与被拍摄对象建立了信任关系，在这一过程中，他的身份并非拍摄者，而是被拍摄者中的一员，所以与其说观察、理解"他们"如何展现自己，不如用"我们"更为恰当。

因此，如果从作品采取何种观点、要求做出何种反应的角度，来评价其道德性，即使作品让很多人感到不快，甚至引发国会议员的愤怒，也不能认为该作品是不道德的。相反，温诺格兰德的作品在韩国展示之前并没有引发争议，但他创作的包括《女人很美丽》在内的多数作品，却可以被认为是不道德的。

情色与再现的观点

虽然以观点为标准的道德评价，具有可以用艺术内在标准来评价"作品本身"的优点，但也有可能不像我们将在下一节看到的那样，这不是对艺术作品道德评价的最终结论。但无论如何，观点的道德标准在第二章关于情色作品歧视女性的讨论中又多了一道障碍。

当然，也有人主张，情色作品并非艺术作品，因此，仅从效果或意图等外在因素评价道德性没有任何问题。但是，就像在第二章中提到的那样，如果"承认性别歧视的观点"是情色作品的道德问题，那么，再现情色作品和再现情色作品的观点之间的区别，在这里也会成为问题。

根据审查情色的德沃金与麦金农条例，以侵犯人权为目的，如果性露骨的形象或语言描写包括以下内容，就将其视为情色片，进行处罚。

女性被非人性化地呈现为性的客体、物、商品；女性被非人性化地呈现为享受侮辱和痛苦的性的客体；女性被呈现为从强奸、乱伦或其他的性攻击行为中体验快乐的性的客体；展示女性的身体部位等。

正如前文所述，这里的前提是贬低女性和暴力再现就是承认对女性态度的观点。但就像我们在梅普尔索普相关情况中所看到的一样，再现的内容不一定就是再现的观点。

当然，通常意义上，情色作品再现这些暴力内容的同时，在对待女性的态度上，提出不是贬低而是尊重的观点，是不合乎常理的。这是因为，将流通的情色片解释为承认贬低女性的观点比较合理，而非麦金农认为的，再现的内容就是再现的观点，即"描写隶属关系的形象就是隶属形象"的原则。

让我们回想一下，有关古德曼再现的内容。根据他的区分，我们通常使用的再现"内容"一词有两种含糊的说法。他主张，画中的再现关系不是"相似"的关系，而是"指称（denotation）"的关系。

我的画之所以能够再现长颈鹿，并不像我们通常所认为的：画像和长颈鹿很像。我画的长颈鹿是纸上的铅笔印，比起三维对象——实际的长颈鹿，这更像纸上的其他铅笔印，比如我画的河马或鳄鱼。任何事物都可能在某些方面与其他事物相似。

古德曼主张，比起"相似"，我们更需要的是"指称"。画个圆圈，中间点两个点，再画一个曲线，就组成了"微笑的标志"，如果说它和人的笑脸长得很像，它的确很像。但如果继续追问，是否见过这样的人，答案就会有些尴尬。即便如此，把它说成人的笑脸，也不为过，因为在我们文化中有那样的惯例。所以，从严格意义上讲，对于"这幅画再现了什么"，其答案，首先要从我们的惯例中，找出和这幅画存在这种指称关系是什么，来进行回答。

而我们日常生活中的再现，即画的不管是长颈鹿还是河马，都能够被辨认出的形体。依据古德曼的说法，区分"再现种类"的标准与"它再现了什么"是两码事。

例如，一幅狗在泥土中打架的画，从再现种类的角度来说，它属于描绘"狗的画"或者更具体的分类。但是对于它再现了什么的回答，不一定是"打架的狗"；还有可能，这幅画再现了"政界现状"或"SNS棒球留言板"。

同样的道理，如果作品在分类上属于"斗争的政治形象"，从再现的立场上看，它也有可能再现了"人类暴力"或更为具体的"昨天发生在我们邻居身上的事"。

在这个例子中，如果说出于维护政治的角度，必须对某幅画进行审查的话，那么我们就应该限制这幅"狗打架"的画。相反，限制"斗争的政客形象"则无法实现限制这幅画的目的。

对古德曼的再现理论，批评声不少。关于再现，已经存在主张放弃相似性，克服习惯主义的相关理论，因此在这里简略介绍的，没有理由被认定为关于再现的最终理论。但可以肯定的是，再现的形象到底再现了什么，是不能由其内容决定的。如果我们把情色片作为道德谴责的依据，将应该管制的对象归结为贬低女性的态度和观点，而非内容，那么麦金农的条例就是有缺陷的。

在某些情况下，与麦金农的前提不同，隶属关系的描写可能会成为揭露性的形象、教育的形象和解放的形象。《晚宴》（*The Dinner Party*）是由朱迪·芝加哥（Judy Chicago）于20世纪70年代创作的一件具有女性主义性质的艺术作品。她邀请了历史上39位重要女性，依据其"餐桌着装"创作了该作品。画中的各位置分别摆放着各种装饰品和碟子，图案是像蝴蝶或花朵一样的女性生殖器。

按照创作者的意图，这是故意为之的行为。完全符合麦金农条例第6项。但是，评论家将此看作在漫长的历史潮流中，脱离男性崇拜，赞美女性肉体的一种解放、肯定的艺术表达。

不道德的玩笑，
滑稽吗

幽默的伦理

前面对艺术作品道德性评价的讨论，同样也适用于评价玩笑或幽默的道德性。正如存在不道德的艺术作品一样，我们同样也相信，存在不道德的玩笑。

某个人或集团虽然不应该受到这样的待遇，但侮辱和丑化他们的玩笑、基于错误的刻板印象的玩笑等都属于这种情况。虽然他们也可以用意图或效果来评价，但也有可能存在不道德的内在原因。如果以之前的讨论为依据，代表性的例子有贬低女性的观点、种族歧视的观点，以及把这种观点视为理所当然或强迫他人接受的玩笑。

"日本人、韩国人在猪圈里坚持了很长时间，但结果却以日本人、韩国人的顺序跑了出来（韩国人的特点是什么都不能输给日本，因此决定了这样的顺序）"，"阻止想要集体强奸女性的黑人，方法就是扔一个篮球"，"海伦·凯勒女士不能开车，因为她是女性"，等等，这类玩笑均带有种族和性别偏见。当然，丑化权力者、嘲弄拥有者的玩笑，如果其观点存在难以正当化的偏见，也是有道德问题的。在这里，我们把这种程度的笑话当作具有不道德观点的事例来讨论。

伦理和美学的相遇，可以引发对以下两个问题的思考。一是前面提到的，作品的道德价值评价是否会影响艺术价值评价的问题，换句话说，玩笑的道德性评价是否会影响玩笑的价值（滑稽）。就像悲剧的悲壮美是它的审美价值一样，幽默或幽默的反应可以看作玩笑的"审美和艺术"价值。

事实上，即使同意有些玩笑在道德上存在问题，我们对这些玩笑的"趣味性"评价似乎也并不统一。

即使我们认识到这些笑话的不道德性，但有些事情让人觉得可笑，这只是我们不得已做出的反应。

二是在试图开玩笑但失败的情况下，有些是因为，玩笑的前提是非道德的。也就是说，玩笑不仅没有达到预期的效果，反而引起指责，其原因在于听者无法同意不道德的观点。那么，这是不是表明，道德评价和玩笑效果是相互关联的呢？

在艺术作品所具有的审美价值和道德价值的关系上，支持伦理主义的贝里斯·高特（Berys Gaut）对玩笑也坚持"非道德性是通过使玩笑的审美效果消失或减少的方式，将两者关联在一起"的立场。也就是说，不道德的玩笑是不可笑的。或者说，即使不道德的玩笑很可笑，但它所具有的不道德性，总是会破坏玩笑效果。对于这点，自律主义持反对意见。

另外，非道德主义称，根据其脉络，玩笑的不道德性反而会进一步增进玩笑的效果。对于艺术道德价值，伦理主义、自律主义、非道德主义也展开了同样的争论。

"虽然很可笑，但可以笑吗？"这似乎又是另一种情况。这不是对玩笑的道德评价，而是对玩笑反应的道德评价。这是从幽默伦理学的角度提出的问题。用笑来回应某件事，或者用幽默来感知某件事，会有道德问题吗？罗纳德·索萨（Ronald de Sousa）认为，笑作为一种对不道德幽默的反应，意味着对不道德观点的认同。因此，对他来说，对于不道德玩笑表现出幽默反应的人也是不道德的。

真的是这样吗？什么才是道德评价的对象？是一种笑的行为，还是玩笑的"滑稽"属性？

美国脱口秀主持人杰伊·雷诺看到小狗的照片后说："哦，我看过这个，在韩国人餐厅的菜单上。"我们会愤慨地指责他吗？他可能认为这个笑话很有趣，也有可能他不赞同韩国人都吃狗肉这种传统。对于这个问题，在本节和下一节中我们还会继续探讨。

伦理主义的问题

下面我们来看看高特关于第一个问题的立场。他认为，玩笑要求的反应是不道德的，那么，这个玩笑就是不道德的玩笑。他主张的伦理主义，秉承着作品的不道德性和审美价值始终存在联系的立场（高特是不明确区分审美价值和艺术价值的少数学者之一，因此他的审美价值涵盖了审美价值和艺术价值），而该联系是指，不道德性会降低审美价值。也就是说，如果作品在伦理上表现出受到指责的态度，那么，作品在审美方面就有缺陷，如果作品在伦理上表现出值得称赞的态度，那么，作品在审美方面就有其优点。

因此，不道德的玩笑总是能减少其效果。如果他发现自己开的玩笑中，有任何不道德的成分，他就会说："哦，你不能因为这些而笑，这不是玩笑。"然而，幽默的伦理主义认为这并不意味着不道德的玩笑不可笑。如果一个玩笑设计得非常奇特，即使有不道德的因素在内，伦理主义依旧会承认它存在可笑的可能性，当然也必须承认它不道德的缺点。

高特关于幽默的立场，在他 2007 年发表的著作《艺术、情感和伦理》（*Art, Emotion and Ethics*）中也可得见。在该书出版之前，玩笑开始成为与道德价值和审美价值关联的伦理主义立场的反例之一。即尽管有道德上的缺陷，但仍然有滑稽可笑的玩笑，这一点难以否认。反对伦理主义的学者们认为，正因为如此，不道德的玩笑则是削弱伦理主义的反例。高特在他的著作中试图反驳这一观点。但在我看来，这场辩论似乎并不成功。

高特的第一道防线是区分玩笑和喜剧，阻止滑稽但不道德的玩笑成为整个伦理主义的反例。喜剧是具有非简单情节和细腻描写的艺术作品，因而为了引出作品的观点、引起要求的反应，需要进行综合性的解释。因此，相较于喜剧，玩笑对美学家来说，过于简单。即使存在不道德的、可笑的玩笑，也只能限定伦理主义的适用范围，不能成为反驳伦理主义的依据。

换句话说，最坏的情况是玩笑不在伦理主义的适用范围之内。所以，为了确保伦理主义的妥当性适用于所有艺术，伦理主义者可能会对玩笑"摇尾乞怜"，做出适当的让步。当然，这是最保险起见的论辩，但是玩笑和幽默并不能按照伦理主义者的意图来处理，这是非常棘手的问题。

不管怎样，高特仅仅指出"玩笑很简单，不适合我们讨论"，这句话能否在这里得到自己想要的东西还是个疑问。我认为，玩笑之所以出现在伦理主义争论中，可能也正是因为它不存在争议，具有简单且鲜明的观点。

举个例子，伦理主义的批评者弗拉基米尔·纳博科夫（Vladimir Nabokov）的作品《洛丽塔》和其他类似的作品被视为反例。一般来说，这部作品可以说是不道德的。该作品中出现了无法被社会接受的，对少女病态式执着的中年男子的形象。人们认为它不道德的理由是，这种关心和态度以爱的名义正当化，且这种观点还得到了拥护。但这是否降低了作品的艺术价值呢？如果没有降低，伦理主义如何解释这种反例呢？有一种可能来解释，《洛丽塔》是一部因不道德而导致艺术价值下降的作品，但是由于它在其他方面的艺术价值高，所以在综合评估后被判定为具有艺术价值的作品。不过这种主张，还是有些勉强、做作的成分在内。

众所周知，莎士比亚的《威尼斯商人》揭示了对犹太人的强烈厌恶。但是，如果我们高估了它的艺术价值，那么，这究竟是弥补了它内在的不道德观点所造成的价值损失，还是原本就没有发生这种损失？我们很难判断。但这种情况下，"虽然价值减少，但其他优点弥补了损失"这种主张，就像音乐剧《小姐和流氓》中的赌徒，明明自己已经事先做好了所有打算，还继续怂恿他人用没有数字的骰子玩游戏一样。

对于虽然有不道德的观点，但依然具有艺术价值的作品《洛丽塔》，高特做出了有趣的反应，他重新诠释了该作品，认为该作品实际上具有道德的观点。因此该作品不能作为困扰伦理主义或拥护非道德主义的例子。

高特对《洛丽塔》的解释是，作者为了让读者察觉到隐藏的线索利用了明显的夸张和非一贯性等写作手法，让读者意识到作者并非辩论和拥护恋童癖这一态度，而是为丑化这种态度进行非一贯性的自我辩护。即采用高超的道德战略，让读者认同书中主人公的行为是不道德的，并发现作者的隐藏意图，从而意识到这是一部道德作品。

这种对于解释的争论在艺术作品中并不罕见，从提出反例的立场上看，这类解释具有"掺水"的嫌疑。因此，为了避免这类解释的争论，人们在选择素材时，大都会去选择"玩笑"，而非复杂且具有多重性、有可能引出多种观点的艺术作品。就像前面的例子一样，玩笑为了取得预想效果，必然要具备鲜明、单纯的观点（韩国人吃狗肉，黑人迷篮球近乎疯狂，女人不会开车）。即便进行了新的解释，不道德观点的玩笑也不太可能被重新解释为具有道德观点的玩笑。

因此，利用这样的玩笑，即使不道德也会提出可笑的事例，所以要看伦理主义如何处理它们。从反对伦理主义的立场来看，切断绕道而行，直接"将军！"，因此不道德玩笑的存在，对他们来说，是让他感到高兴的道具。那高特和伦理主义能避免这种攻击吗？

高特的非道德批评和自相矛盾

高特认为，在主张"不道德，所以更可笑"的非道德主义和否定不道德的伦理主义之间的竞争中，争论的焦点终究还是像黑色喜剧那样的"黑色"幽默。因此，他想证明这些看起来似乎是反例的现象，并非拥护非道德主义的。例如，讽刺的笑源自刻薄。他试图向世人证明，在这里似乎也是不道德的拥护者，黑色喜剧在观点上可能是不道德的。

如果以之前讨论的失谐理论为基础，把违反道德也看成一种不和谐的话，那么对于玩笑，可能觉得非道德主义是合理的。也就是说，玩笑具有违反规范、嘲弄某人等非道德性，所以它让人感觉好笑。但高特提出，这种违反是否就是对这种观点的拥护或认可？即使作品中的人物违反了规范，也并非劝诫人们照做。

例如，在卓别林电影中，即使出现将人当作胳膊垫使用，这类侮辱人格的行为，作品并未要求观众也这样做。同样，打破规范也并非意味着不道德。也就是说，在劝导或未采用这种规范的情况下，作品可能只是邀请他们去想象一下。因此，不能像高特所说的那样，通过违反规范的幽默来拥护非道德主义。

但让我感到惊讶的是，高特的这种战略是否具有讽刺意味，还是为他打擦边球提供了一个借口？因为刺伤非道德主义的刀也适合中伤伦理主义。如果不是黑色喜剧或讽刺意味，而是一般的玩笑，它也可以算得上是"没有劝导邀请去想象"吧？因为玩笑的观点过于鲜明和单纯，反而让我们怀疑，在大部分玩笑中我们找到的字面意义上的观点，是否真的是玩笑的观点。

为了理解这种玩笑，所需要的单纯的不道德的世界观（例如，认为女性只应待在"卧室"和"厨房"的世界观）反而可以通过玩笑，让人们看到其愚昧或不合理之处。即使在小说中，这种模仿或讽刺，也不能用表面上的观点来确定作品的态度。同样，以不道德的世界观为前提的玩笑，是对这种态度的认可，那也可能是一种过于单纯的见解。

要理解作品和玩笑，当然要知道其中所假定的不道德观点是什么。想想上面的例子。在这种前提下，甚至可以把理解的笑话说成不道德的笑话。但是，如果一个笑话可以让欣赏的人故意采用种族歧视的观点，让他们切实感受到它的愚蠢和浅薄，那么一个持有不道德观点的玩笑也可能不是不道德的玩笑。

当然，这并不是直接攻击伦理主义的核心主张（不道德会减少艺术价值）。我想指出的是，如果许多以不道德的世界观为前提的笑话，只是表明了这种世界观，而没有劝说我们去接受这种态度，那就很难确定它是不道德的笑话。

幽默的规范性和应对性说明

高特的另一个论点是，幽默是一种规范。我们可以对"不值得笑的东西"笑，也可以对"值得笑的东西"（具有幽默的属性）不笑。高特试图以此确立伦理主义不是可以用经验和现象的反例来反驳的理论。也就是说，对社会弱势群体使用暴力、人身亵渎的玩笑，即使人们有笑的倾向，但并不意味着它们是"值得笑的东西"。

因此，他的默认结论是，如果在这个规范运行的领域内（不考虑现实生活中的，而是以具有幽默属性为例的）玩笑的不道德性总是会产生有缺陷的幽默。因为这个玩笑不值得笑。

幽默的规范性有很多特定的含义，如果像前面提到的那样，审美反应或审美属性的幽默，就像崇高或可爱一样，那么引人发笑的并非都是滑稽的，而是应该有可以分辨出哪些是值得笑的，以及是否属于滑稽属性的特征。思考"其特征是什么"，进而思考"没有这种客观属性，只觉得可笑才是幽默的本质吗"等问题，正如前面所说，这并不是马上就能解决的。

就像他所说的，这并不是马上就能解决的问题。但是很明显，高特在这里混淆了两种规范性。正如丹尼尔·雅各布森（Daniel Jaielacobson）和贾斯汀·德阿姆斯（Justin D'arms）所指出的那样，对某个对象有某种感情在道德上是不恰当的，但对某个对象表现出这种感情本身是恰当的。

"那种情况下，在感情上做出那样的反应是正确的"——在这个意义上后者的恰当性是规范的，但这种"正确"并不是"道德上的正确"。也就是说，从认识到对象具有幽默属性的角度出发，做出了"正确的反应"。而这与感知对象道德上的适当性，有着明显的不同种类的规范性，高特将其视为联动的一种，则犯了以需要证明事实为前提的错误。

"能告诉大家怎么一次抓 200 只苍蝇吗？""用平底锅砸埃塞俄比亚孩子的脸。"这样的笑话是令人感到非常深恶痛绝的。它把不应该被丑化的绝对弱者当作笑话对象，甚至也有可能引起那些致力于拯救非洲饥荒的人的愤怒。伦理主义可能将这类"失败"的玩笑看作佐证自我的例子，"看？你不能笑，因为这是不道德的"。但是高特提出的伦理规范性，使伦理主义无法利用该类事例。

高特表示，如果根据幽默的规范性，"对于不道德的玩笑，人们却发笑"的事实，那不是真的笑。对于这点，高特的批评者们也会开玩笑说："人们不笑，但事实上这值得发笑。"他们可以同样利用幽默的规范性加以反驳。

这不仅是指出高特理论陷入进退两难的假设性战略。实际上在我看来，这样的例子也是不能拥护伦理主义的。我认为，那些被认为是支持伦理主义的证据"不道德的玩笑不好笑"的主张，更简单、解释更恰当。

对于有些人来说，玩笑不可笑的理由有很多种。比如，其中有因玩笑不具有幽默属性而失败的（不符合笑的评价规范）；也有虽然具有幽默属性，但有些人处于当事人立场上（比如饥饿救济从业者）而失败的。

无论道德上的不恰当使人们感到无趣这事变得多么普遍，如果像高特所想的那样，另有判断幽默恰当的规范性，那么这些人就会受到非道德性的影响，不能成为幽默价值被抵消的实际例子。因为无法与所谓的"搞笑"的玩笑区分开来。一方面是可笑的，另一方面又具有悲伤的意义在内，那么该玩笑具有的滑稽属性是无法被抵消的。也就是说，对于该玩笑如果我们做出幽默反应，就会得到规范上的恰当反应。只是因为自己的处境而不能发笑而已。比如，对于上司要求周日去登山的要求，美国职员以"我有家人"为由予以拒绝，但韩国职员却会以"我有家人，那在哪儿集合呀？"这种不好笑的玩笑予以回应。

而且，就幽默的规范性来说，死于饥饿的儿童脸上爬满苍蝇分明是悲剧，虽然具体形象令人难以想象，但我们也不得不承认，这个玩笑至少比"飘落的落叶"有着更确切的属性。

玩笑的伦理，
笑的伦理

不道德判断的再思考

到目前为止，我们知道，作品再现的内容并不机械地决定该作品的观点，即使是作品中显而易见的观点，这种观点也无法机械地决定作品的不道德性或与此相关的作品的艺术价值。决定与艺术价值挂钩的作品的道德性，需要的是对个别作品的合理解释。现在我们要关注的是，如何判断这种方式的道德性呢？这一点，可以从高特将《洛丽塔》制作成道德作品的方式中得到启发。

高特的战略是找出隐藏在看似不道德的作品中的

道德观点，即从表面上看，作品似乎认可不道德态度，但作品本身又存在着否认不道德事实的解释依据。作者为什么要将这些观点隐藏起来，而只有仔细阅读后才能被发现呢？

作者之所以不公开否定表面上的信息线索，而做出了隐藏式的艺术选择，是想通过认知效果来获取道德效果。他们认为只有这样才能获得提高道德觉悟的效果。那么，这一点与非道德主义的主张"通过作品的非道德性，可以增加艺术价值"在本质上没有什么区别。

我们并不是单纯从认可某种道德观点的作品中获得道德效果。对艺术作品来说，道德效果不仅在于接受特定的道德命题。而这一点也是众多理论家如卡罗尔、高特、基兰所提到的事实。他们并不认为作品的道德价值只是通过作品选择和展现某种道德观点而获得。他们认为，为了道德价值，无论以何种方式都要投入作品中，来引发对我们的感情和道德感受的反省、深化等。

但是，如果作品的道德价值取决于"不是单纯地接受道德知识，而是让人切实感受"或"在想象中生动地描绘道德原则的适用结果"等依靠艺术选择获得的"道德效果"，那么作品是否一定要采取道德观点或非道德观点还是个疑问。因为，在不支持任何道德观点或作品认可的道德观点模糊的情况下，作品也能对道德上的复杂或敏感情况有真实的感受和思考，从而具有明确的道德内涵的认知价值。

实际上，在伦理主义者认为具有道德性的作品中，其道德性是否基于观点的道德性，也存在不明确的情况。在描绘《圣经》的众多画作中，有一幅有关大卫王和拔示巴的画。大卫王看到自己麾下将领乌利亚的妻子拔示巴洗澡的场面后，被她深深迷住，大卫王借故处死了乌利亚，与拔示巴勾搭成奸，而后拔示巴成为大卫王的妻子，而他们的孩子就是以色列的第二任国王所罗门。

不知是受到了充斥着偷窥、通奸、诡计和背叛的感性刺激，还是想借着《圣经》来画女性的裸体，很多画家都创作出了《拔示巴收到大卫的信件》之类的画作。画家威廉·德罗斯特（Willem Drost）也于1654年前后创作了这一主题的绘画。高特指出这一作品在观点和再现方式上都是不道德的。在这幅画中，年轻貌美的拔示巴洗完澡后，露出了像雕塑一般理想的美丽身躯，一只手拿着国王的信，脸上带着平静又兴奋的微笑和红晕。可以说，这是以迎合男性性幻想的观点再现的作品。

据说，伦勃朗在初期也画出了遵循当代"拔示巴式"的画作。但是与1654年作品中登场的拔示巴形象不同，画中的她既不年轻，身材也不火爆。伦勃朗的描绘更接近现实性。高特认为，该作品比德罗斯特的作品更道德，因此艺术价值也更高。

但是，这仅仅是因为伦勃朗的观点是道德的吗？在伦勃朗式的描绘中，什么样的道德观点会被认可呢？与其他性感作品相比，这部作品对性感观点的不认可，就是该作品的态度吗？虽然他们都是擅长描绘"拔示巴"的候选人，但从另一方面看，除了把故事中出现的"拔示巴"描写成更现实的人物本身之外，可能没有什么特别的道德观点。

如果该作品具有道德价值，与其说是因为观点，还不如说是由于伦勃朗的艺术选择，使我们能够想象到国王的不道德，以及拔示巴的困惑处境。因为通过这样的效果，就像高特所说的那样，可以切身体会到作品主人公的处境和当时的心理状态。

作为艺术价值的道德价值似乎就在这里。正如罗伯特·斯特克（Robert Stecker）所说："比起承认明确的伦理真相，探索伦理生活更有道德价值。"

如果这么说的话，我们就有必要重新考虑，包括伦理主义和非道德主义在内的所有前提。作品具有承认或拒绝某种道德观点的道德性，以及以此为依据的作品的道德价值，即使它遵循了内在标准，也不应该把它与艺术价值评价联结起来。作品拥护什么样的道德态度与作品的制作过程、意图、社会效果一样，是对作品道德评价层面上的，是与作品的艺术价值不同的另一种价值。

难道玩笑是道德评价的无风地带吗

到目前为止的讨论是，玩笑的不道德性比想象中要更难判断。虽然没能得出最终结论，但是玩笑的不道德性总是能减少玩笑幽默感的立场，或者玩笑的不道德性会增强幽默效果的立场，都未能提出具有说服力的论据，让大家接受其主张。

相反，玩笑作为一种幽默，其自身的恰当性和道德上的恰当性是两回事的主张，更具有直观的说服力。虽然有些人认为道德上的不妥会使幽默消失，但这种情况可以看作没有站在欣赏幽默的适当位置而进行的讨论。

那么，玩笑不管以什么样的方式都是与道德评价无关的对象吗？另外，我们对玩笑的反应，无论何种形式，都不能成为道德评价的对象吗？

由于很难判断观点和意图，所以人们无法明确评价道德性，这是对玩笑类型的说明。"韩国人的狗肉"的玩笑是一种类型。同样的玩笑，杰伊·雷诺有可能在其他地方开过，也有可能被已故的尹氏[①] 开过，有

————————

① 此人并无特别含义。作者仅想表达，某个人也许开过类似的玩笑。——译者注

可能还被刊登在美洲地区的韩语报纸上，或者被刊登在这本书里。这些都是同一个笑话的个别事例（表征）。因此，即使不是作为一种类型的玩笑，在特定情况下，被具有特定意图的人使用的一个个玩笑事例（玩笑表征）也可能会得到更明显的道德评价。特别是，如果这与幽默反应有关，就更无法避免道德评价。

韩国前总统李明博的名字曾被戏称为"2MB"，虽然其中也不乏机智的元素，但这种说法大多带有嘲弄或批评的意味。如果对特定人的侮辱引起了对他反感的人们发笑，那么，对于这种表示赞同的笑，可能不是幽默反应，而是一种满足感的表现。

尤其是"2MB"，如果说被提及的对象——前总统李明博所拥有的占主导地位的形象不是"愚昧"或"智力不足"，那么，用这句话来形容他的负面形象并不恰当。也就是说，没有比单纯的文字游戏更幽默的了。但站在政治立场上来看待这个问题，如果对于这个微不足道的"小笑话"回以一个痛快的笑，可以推测，这是对厌恶对象而产生的满足感，而不是对这个笑话的单纯的幽默反应。

因此，个别的玩笑事例完全有可能被不道德地使用，这点可以根据情况和结果进行判定。大部分"科长的淫言秽语"引发性骚扰问题时，仅凭"只是为了搞笑"式的辩护是不够的，也是因为这个原因。性玩笑本身可能很可笑，但在这种情况下讲的那些笑话，尤其是那些带着意图的笑话，是很难避免道德评判的。

此外也有类似的理由。一些人认为，虽然不能将特定、可笑的玩笑视为道德问题，但在特定情况下所开的特定玩笑，通过笑声所表露的行为可以受到道德评价。在道德上的考量似乎是最重要的。如果你把审美判断摆在首位，那么在事故现场，比起急救措施，你更喜欢从伤口流出的血的"美感"，并由此发出感叹，这样你将会备受指责。

但我认为，幽默的感知本身并不是道德问题。服丧的人可能会因陷入悲伤，而觉察不到笑话的有趣。这很常见，因而此类情况不会引发道德问题。但让我们假设一下，如果感受到了它的乐趣，那么这会是道德问题吗？应该不是。这就好比，人们看到绿色后觉得是绿色一样，以及《大长今》中"因为有柿子的味道，所以叫柿子"的情况是一样的。

现在假设，某个服丧的人听到玩笑后，发出"咯咯"的笑声。那么这个"笑"会被指责吗？如果假设笑在某种程度上是可以被控制的，那么，我们可以对其进行指责。

彼得·基维（Peter Kivy）以"我们可以自己决定笑"为由，从而为笑的自发性、可控性进行辩护（但记得"谈论国家经济的时候，苍蝇坐了下来"这个新闻的人，可能会说基维错了）。"在这种情况下竟然还能笑"也许是一种恰当的道德谴责。但道德上的谴责也可能是"在这种情况下，你怎么能认为这很有趣"。这也是值得争论的。

情况可能随时会变得复杂。理解玩笑是介入文化因素，让（或不让）自己感知到特定的属性，对特定的幽默反应，自己最起码负有间接责任，也许还涉及对所做（或不做）反应的道德责任。可以认为，那些对浅薄的种族歧视玩笑捧腹大笑的人，已经突破了低级取向底线，存在道德问题。将"拔示巴"的故事概括为"边兴奋边洗澡的女人"的情况也相似。

亚伦·斯玛茨（Aaron Smuts）认为，"我们不只是幽默反应，通过笑也会对他人造成伤害，但是我笑什么，至少取决于我本人的幽默感，因为幽默感对自己有间接的影响，所以一个人的幽默感是明确的道德评价对象"。基维也主张，对玩笑的理解和随之而来的笑，因其所具有的社会功能，有可能成为道德评价的对象。在确认社会归属感或是将特定人排除在外的一些情况下，似乎也没有比笑更能被利用的东西了。这些论辩言之有理，也很含蓄。所以说玩笑绝对不是道德评价的无风地带。

如果不道德的玩笑很可笑，那么发笑的人也是不道德的吗

最后要检验的是，要警惕在某种玩笑中，对一个人幽默感的夸张理解。之所以提出这一点，是因为有论辩称，对道德上可能受到谴责的玩笑，发笑的人态度也是具有道德问题的。比如索萨的"态度认可论辩"。

从玩笑到笑的连锁反应中，首先要理解玩笑、察觉玩笑可笑，即感知幽默属性（幽默反应）。理解玩笑就是知道玩笑的前提，这并不等于幽默的知觉，那么什么时候两者会有差异呢？即为什么理解了玩笑，却出现不笑的现象呢？索萨认为，如果听众对玩笑的前提命题持否定态度，那玩笑就失败了。理解玩笑和感到可笑的差异在于对其命题的态度。

索萨主张，如果不只是理解了以性别歧视命题为前提的玩笑，还感知到幽默，那么你就是性别歧视主义者。因为，如果不对性别歧视为前提的命题持承认态度，就不会感到有趣。这些前提在假定上是不能承认的。也就是说，因为没有采取认可的态度，而认为不有趣的玩笑，不会因为采取了这种假定而变得有趣。

但是，这一论辩是有问题的。也就是说，如果不承认某种态度，就无法感受到玩笑的乐趣，而感受到乐趣的玩笑中必须包含对前提命题的认可。那么对前提态度的认可，能否成为感知玩笑幽默的必要或充分条件呢？因为共享态度并不能保证玩笑的成功，所以这并不是玩笑成功的充分条件。共享"女性不会开车"的想法并不意味着关于海伦·凯勒的玩笑会觉得有趣。另外，即使是不成为问题的命题，在对其他命题的态度中也能发现玩笑的乐趣，或者在没有得到任何命题许可的情况下，也能感受到玩笑的乐趣的话，也不是必要条件。

举个例子来说吧。这是对于最近世态的相关讽刺的说法。有人开玩笑说："除了配偶之外，没有恋人的已婚者，是寒心的人；除了配偶之外，有一个恋人的人，是有良心的人；除了配偶之外，有两个恋人的人，是细心管理的人。"我们很难认为，所有人都觉得这个笑话很有趣，所有人都对婚姻中的婚外情持承认态度。更进一步说，为了感受这个玩笑的乐趣，是否应该秉承认可的态度也并不明确。也就是说，为了理解给定的玩笑，很难准确地知道需要什么样的命题。

从这个玩笑的情况看，相关对象的数量、"寒心""良心""细心"三者的本意与文字游戏，以及从各个层面的理解来看，也足以感受到玩笑的乐趣。

显然，为了理解笑话，有必要知道前提命题。为了理解基于刻板印象的种族贬低性玩笑，当然要知道这种刻板印象。但是仅凭这些并不能说明，理解玩笑的人是不道德的。只要理解笑话，在假定情况下想象那种情况，就会从理解中产生幽默反应。

这从正面反驳了索萨的主张。索萨说，不是为了理解玩笑，而是为了享受乐趣，光知道是不够的，还需要承认。但即使没有承认，也可以充分感知到幽默。虽然可以区分单纯的理解和幽默反应，但我不认为其差异在于承认与否。如果态度承认论证被拒绝的话，在种族歧视的玩笑中，指责我们感知幽默感的理由应该从其他地方寻找。

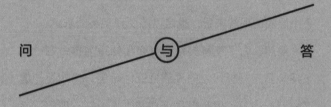

问 与 答

考虑到伦理主义的问题，
那么对于笑话，非道德主
义更适合吗？

不一定如此。非道德主义主张，因为可
以看出作品邪恶、残忍的态度，所以在审美
方面更加成功。对此持支持态度的雅各布森
说："用玩笑话蔑视某人，这种态度是不正当
的，把这种蔑视说成趣事，这并不能成为此
玩笑无趣的理由。恰恰相反，这正是玩笑中
最有意思的地方。"

但是，非道德主义者们在确定某种玩笑

是非道德性的方面，也会遇到与伦理主义相同的困难。不能说脱离常规的、过分的都是不道德的。即使是触碰禁忌或露骨、让我们惊慌和生气的玩笑，也并不意味着玩笑是非道德的。虽然"低级玩笑更有趣"的说法并不属实，但即使是事实，玩笑的低级性和粗俗性本身并不能看作道德问题。那么，非道德主义者也很难找到支持自己立场的"非道德玩笑"事例。

另外，比起寻找不道德的玩笑，更难预料的是，不道德玩笑的笑点就是来自不道德。也就是说，如果非道德主义是正确的，那么听玩笑的人至少在无意中应该认识到玩笑存在道德问题，并认为玩笑很有趣。果真如此吗？即使是电影和小说，也很难论证作品增加的艺术价值来自非道德性。

道德观点不明确的作品也
可以有道德价值吗?

      虽然例子很多,但在这里仅以下面的几部电影进行探讨。在伍迪·艾伦导演的《赛末点》中,登场人物虽然道德堕落,有不道德的行为,但仍然能躲过因果报应,生活安乐。影片中对人生不公正的道德观点并不鲜明。克里斯·韦兹和保罗·韦兹兄弟的《关于一个男孩》(*About a Boy*,原作是尼克·霍恩比的小说),以及金泰勇导演的《家庭的诞生》等作品认可的观点,也有可能是"对血缘构成的家庭关系的怀疑"。但从目前来看,这样的洞察是否符合道德性,还是有争议的。因为与之完全相反的观点,即"血浓于水,人最终的依靠是家庭,所以承认家庭成员之间的无条件包容是美德的观点也具有充分道德性"。导演克林特·伊斯特伍德执导的《百万美元宝贝》无论如何理解这种情况，都最终表明了容忍"安乐死"的观点，这在道德上也有争议。但是，即使观点不明确，具有争议性，但它为人类欲望、家人、人类尊严等伦理性主题提供了深思的契机，从这点来看，也是具有充分的道德价值的。

保罗·托马斯·安德森导演的《不羁夜》以20世纪70年代为背景，讲述了从事美国情色产业人员的故事。如果一定要说作品的观点，根据解释，可能存在两种相反的观点。一方面，可以说电影借鉴了情色制作者的"人性化"形象，给予了深情展现，但另一方面，也可以看作暗地里丑化了他们的生活。但是考虑到该作品也是具有充分道德内涵和相应的艺术价值的作品，即使作品有一个以上相反的道德解释，也要决定其中的哪一种观点才是真正的观点，才能知道它是否具有道德价值。

第四章 ——————

人们为什么会喜欢
恐怖电影和
让人害怕的事物？

——美学

///////////

中的虚构和情感

恐怖电影会让我们觉得不舒服并产生难以忍受的情感，那我们为什么偏偏还要去找恐怖电影观看呢？如果说喜欢恐怖或刺激小说的人们不是无法理解的另类，那么这种现象是出于什么样的动机？对此，我们需要一个合理的解释。

我们为什么会害怕
根本不存在的僵尸

关于恐怖片，恐惧感和两个悖论

能够读到这里的读者，或许都是不反对这种用分析美学处理艺术问题的方式吧。在本书的第四部分，我将向大家介绍能够代表现代美学特征的两块拼图——虚构和情感这些核心主题。

恐怖片或恐怖类型是不亚于B级题材的一种类型。从弗兰肯斯坦、德古拉、九尾狐、贞子、食人鲨鱼到异形，所有类型的鬼神和恶灵、吸血鬼、僵尸、怪物、外星人、杀人动物、寄生生物、精神变态、杀人魔等不断变化出现在恐怖片中。在某段时间，恐怖片拥有一定的观众群体，就好像每个夏天"消暑"的东西，定期上映一两部低预算的恐怖片成为一种惯例。

另外，即使出现了让人恐惧的奇怪客体，造成恐怖感觉的惊悚题材也很有人气，比如让人捏一把汗的追击类或者藏匿被发现类型的刺激和惊悚片，不管什么样的题材，恐怖片几乎成为大众故事中不可或缺的要素。

这样看来，我们在欣赏作品的时候，似乎在享受它带来的恐惧和紧张感。那么现实生活中的恐惧和紧张感究竟是怎样的情绪呢？当然后面的部分我们会说明情绪是什么，但是直观地来理解，没有人会希望自己的人生充满恐惧。每天都面对生命威胁，不知道会在哪里、如何受伤，应对这种生命威胁需要持续保持紧张状态，怎么可能有人喜欢这种状态呢？

当然我们不想面对威胁自身的对象，或者说让自己产生恐惧感的对象，就连心中那纯粹的恐惧感都不想体验，因为跟快乐相比，它离痛苦更近。我们暂且把这个叫作"负面情绪"吧！当然对于恐惧、愤怒、悲伤、厌恶等情绪应该区别对待，对于把它们都统一称为"负面情绪"或者"情绪"持怀疑的立场，我认为这是妥当的。但是从想要逃避的情绪的角度来讨论，还是这么称呼吧！

如果我们中的一部分人喜欢恐怖片（我心甘情愿地被排除在外），也就意味着这种负面情绪也会被积极追求。其区别就在于我们究竟是在现实生活中体验到这种负面情绪，还是通过艺术来体验到？通过艺术体验到的紧张感会弱一些，还是痛苦并快乐着呢？如果喜欢恐怖片或者惊悚片的人不是无法理解的另类的话，那么这种现象出于何种动机？对此，我们需要一个合理的解释。这就是被称为恐怖片的悖论（paradox of horror）问题。

给出该问题答案的鼻祖可以说是近代哲学家大卫·休谟（David Hume），但休谟也提到了以让-巴蒂斯特·杜博斯（Jean-Baptiste Dubos）为首的先进学者们的争论。这表明了在很久之前，大家就认为这是一个需要解释的问题。休谟在《论悲剧》中，提出了悲剧的悖论：

观众观看优秀的悲剧作品，从悲伤、恐怖、不安等本身使人不快乐或不安的情感中获得快乐，这似乎是无法解释的。观众越受感动，越沉浸于剧中的悲伤，就越享受剧中的场面。然后不适的情感自动消失，最终回归平静。

事实上，亚里士多德也在《诗学》中认识到了这种悖论，这是公认的。他提出，悲剧的目的是"通过引起怜悯与恐惧，来使这种情感得到净化"。这种说法，可以说是为什么悲剧中带来的负面情绪是值得追求的问题的一个答案。但是"情感净化"到底是什么？在因作品产生的怜悯和恐惧中能否获得"情感净化"？这些问题都留给了后代学者。

这是一个很久之前人们就认识到的问题，即人们不想在现实生活中经历的情感，愿意通过悲伤小说或者恐怖电影去体验的现象。事实上，在这种现象背后，有一个更受瞩目的问题。那就是在分析美学中更费笔墨的另一个疑问——对于虚构的情感反应。

我们被电视中披头散发的贞子吓到发抖，但我们也清楚地知道，在现实生活中贞子是不存在的。那么，观看《午夜凶铃》时，我们所感到的恐惧是源于根本不存在的事物吗？我告诉害怕僵尸的那位朋友，"僵尸是根本不存在的"，他会回答"我知道，我也知道僵尸不存在"，但是编造故事中的虚构情节能让我们产生怜悯、恐惧等各种情感，这看起来似乎是很自然并且理所当然的。

看起来如此不合理的现象，它是如何自然地进入我们日常生活的呢？对此，我们需要一个解释。这个问题比"我们为什么会被带来负面情绪的悲剧或者恐怖片所吸引"的悖论，更需要被优先解释。到底为什么我们会对根本不存在的事物产生负面或正面的情感呢？当我们面对"对于虚构的情感反应"这个问题的时候，这两个核心主题对于美学的历史和现代美学就都具有重大的意义，也就是"虚构"主题和"情感"

主题相遇的场所。

　　除了对虚构的情感反应之外，虚构，即与小说相关的美学讨论也多种多样。虚构内容陈述的认识论问题与我们能否通过艺术学习到知识的问题相关联，虚构人物的存在论地位，成为语言哲学和形而上学的重要主题。虽然现代艺术理论家和评论家主要倾向于用意识形态解释来评论作品，但是如果想要全面理解作品是如何被接受的，艺术与情感的关系是无法避免的。特别是，包含大众艺术和叙事结构的艺术，欣赏者能做出适当的情感反应，是理解作品的必要条件。例如，如果我们对作品中刻画的卑鄙的恶人形象无法产生憎恶情感的话，那可能就无法充分理解适用于该人物的因果报应的结局。作品激发的怜悯、恐惧、悲伤、愤怒等这些日常的情感，具有使人们更加集中于作品的情节、预想展开情节的作用，也是联结观众和虚构情节的媒介。即使是小说，我们也会对虚构的人物和虚构的情节产生情感，乍一看，这是个不合理的事实。但如果想要这一切成为可能的话，最重要的是我们要对这个事实进行说明。

理性之外的情感

情感永远是一个被提及的美学焦点。古时人们就意识到了艺术能够激发情感。但是，如何判断这究竟是一件令人担心的事情还是令人期待的事情，这是随着对人类情感认知变化而不断变化的。

情感可以理解为理性之外的东西。但是理性或者合理性无法涵盖的人类精神活动的范围非常广泛且多种多样，所以每个学者都有判定"理性之外"情感的方式。因此，根据需求的不同，人们往往对情感也有各自的理解。

通过自身哲学体系上的需求所产生的人类活动，并将其规定为情感的活动和作用，这个理论称为自上而下式理论。但是，这种理论很难被认为是对于情感本身的哲学思维。

当然，历代哲学家把情感当作发生在我们内心的东西，是一种不可改变的动物性或者类似本性的东西，是无可奈何的事实。从这些意义上来讲，他们认为不可能有合理的解释，这也被看作哲学的一个局限。所以，他们认为没有必要从哲学的角度解释，也不可能进行解释。所以大多数情况下，人们不是把情感本身作为研究对象，而是把包含情感的人类感性能力作为研究对象。被称为感性的范围很广泛（广义上指非理性的领域），我们把感性的一部分称作构想力、想象力、感性认知能力，而后进行讨论，并在此基础上，不断发展审美判断和艺术根据的历史，最终形成美学史的大趋势。此外，美学学者们设定了哲学和逻辑学不干预的精神领域以及心灵感受的能力。

这个感性的领域有时被设定为虽不及理性，但依然是掌控世界的人类能力，有时比理性差，有时对理性无法驾驭的世界有干预能力。并且，随着时代的发展，学者逐渐认识到理性无法驾驭的世界的样子是"真实的"和重要的，感性也被改写成了比理性卓越的"看到真实的"能力。至少，现在我们都自然地接受了艺术是感性能力的礼物。因此，我们是应该把艺术看作微不足道的娱乐项目，还是看作可有可无的装饰项目，更过分一点，是把它看作只会产生阻碍、蛊惑世人的不科学的胡言乱语，还是把它当作让我们重新思考人类、树立新世界价值观的对策或突破口呢？如何看待艺术取决于我们对感性能力的理解。但是，我们这个时代的常识认为艺术是与感性能力相关联的，这种常识也可能是错误的。因为，感性不像胃肠、臼齿这些物理存在的东西，也不像消化能力、唾液分泌能力等身体机能，在我们身体内，能够清楚区分，并确认是什么的东西。换句话说，想象、感动、感觉、欲望、得到精神启示等那些与能够计算推演的、合理的、直观的动物性活动是不一样的。然而我们却把这些都放在一起统一称为"感性"，理性（合理）和感性（不合理）的区分界限总是会随着新的科学发现或者新的哲学思维的出现而发生变化。这样一来，即使不是感性、情感、艺术、工具和机能上的合理性，也有可能被理解为更高层次的现象和活动。

像这样，对情感和感性能力的讨论，具有延续到理解人类的一种手段——美学根源的背景。但是，这里我们要讲述的不是感性能力的全部，而是作为它组成部分的情感，也就是我们经常"感觉到"什么的时候在我们心中产生的现象，以及它与艺术的关系。

艺术有可能唤起欣赏者的某种情感。这是经常被观察到的现象，并且艺术总是会干预我们的情感。但是，对于让我们产生情感的艺术，不信任的传统已经根深蒂固，这可以追溯到柏拉图时期。讽刺的是，不管是名家的绘画、戏剧，还是讲述美学历史的课程，都开始担心我们到底把称为艺术并称赞的东西看作什么。更令人惊讶的是，现在的我们也重复着它的区分和洞察。

在最根本的前提下，对柏拉图来说，情感是与理性对立的、不合理的东西。柏拉图认为诗（戏剧）的魅力是引起读者情感的共鸣，是为了引起未受过教育的大众的兴趣，并认为这是理所当然的。但同时他认为，如果是以鼓吹情感为目标，并以实现这个目标为结果的诗就是反社会的。

理想的社会不会容忍对理性威胁的存在。理性支配着情感，防止我们朝着不合理的方向前进。柏拉图认为，诗歌能够唤起我们的情感，具有不合理的倾向性。比如，这会让本应参军的市民同情敌人或者害怕死亡。因为观众将自己与作品中的主人公置于相同的立场，才学习到了主人公感受到的情感。如果说艺术所唤起的日常情感很重要的话，那我们有必要克服这种根深蒂固的、对于艺术的不信任感。如今的学者们认为，很难把情感当作让我们做出跟情境不相符的反应的东西。情感反而是帮助我们更好地适应生活的东西，这种主张更具有说服力。但是，根本问题的提出与不合理的感性和合理的理性的二分法有关。柏拉图认为，在人类的精神世界，理性和感性各自占据着不同部分，但现代"认知主义"的研究否认了这点。认知主义是心理学和分析哲学的一个倾向，主张信念、判断等智力因素是情感的核心。也就是说，理性有可能是情感的组成因素。如何支持这种观点呢？

我们在下一节会简略地介绍如何理解情感并介绍

认知主义。在第三节，将思考对虚构情感的反应问题，特别是最初提出的答案，所谓的"拉德福德拼图"，以及之后的几个答案。第四节我们回到最初的问题，恐怖片的悖论，将研究讨论合理说明这个问题的各种尝试。

情感理论，
在"感觉"上也需要解释

情感与感觉

虽然我可以观察自己的内心，但无法观察别人的。当我们只是讲述内心发生的事情的时候，有时都怀疑我们是否在谈论同一个对象。尽管我对因为失恋而难过的朋友说："是的，我懂你的痛苦。"但是我感受到的痛苦，与我的朋友正在感受的"痛苦"是否一样呢？这点在理论上是无法确认的。但是，如果我和我朋友是同一类人，并把这点作为前提条件的话，在某种程度上，就可以确认代表痛苦和悲伤等心理现象的语句的适用范围。无论是韩语还是英语，情感系列词汇中，容易让人混淆的词汇有很多，仅凭日常词汇用法很难确认是否指的同一个词汇。所以，要想有效地讨论，首先需要达成一定程度上的一致。比如，情感、情绪、心情、感觉，以及英语的 emotion、feeling、sentiment、sensation、mood 等用词。

我们似乎没有必要区分"情感"和"情绪"。英语的"emotion"和"sentiment"也是一样的。普通人基本不会注意到这些单词的意思有差别，很难找到在使用"情绪"的地方不能用"情感"这个单词的情况。这些词汇都是用来指恐惧、怜悯、愤怒等这些心理现象的。这些情感另有名称，它们与其他情感、使用对象或感觉有着明确的区分，但具备作为情感的基本条件，所以可以被称作"既成品"情感，或者"完成品"情感。当然，同样是愤怒，像火一样的愤怒和慢慢积攒起来的愤怒是不一样的。也就是说，即使都被叫作愤怒的情感，其感觉也是不一样的。

如果说这个主张还有些道理的话，在同一种情感当中，感受到的部分也可能有细微差别，也就是我们为了称呼某一特定部分，使用与"情感"不同的"感觉"一词。即把"感觉"作为"情感"的一个构成要素的方式。当然，即使认为"feeling"的意思是"情感"，也是没有任何问题的，一般在语境上把"emotion"和"feeling"理解成不同的意思，反而听起来更奇怪。所以，为了避免上述混淆的情况，我们决定把"情感（emotion）"和它的构成要素"感觉（feeling）"区别开来。另外，虽然"sensation"也是情感的意思，但是与"feeling"相比，它更强调感觉。像"痒痒的感觉"，薄荷糖或者药膏"刺激瞬间散开的感觉"一样，是指感受到某种东西的状态。所以，它和某种情感是有明显区别的。英语中的"feeling"和"mood"，韩语中的"情感"和"心情"根据语境的不同也会混用。但是，不管是英语还是韩语，"mood"是指感觉，但好像是在对象模糊的情况下使用的。比如，毫无理由地突然感到悲伤的情况下，一般好像用"悲伤的情绪"。2015 年皮克斯动画片《头脑特工队》中出现的快乐（joy）、悲伤（sadness）、愤怒（anger）、恐惧（fear）、厌恶（disgust），是人类拥有的典型的情感，这种情感超越了文化差异，但这些是本质上的情感，还是只被称为形式上的情感，抑或是超越这些，涵盖到什么程度，都是争议的焦点。猜忌心、嫉妒、羡慕、虚荣心等这些很复杂，但一般也被认为是情感。所以，我们用"××感"来表示"做什么什么时候的感觉"，比如"失望感""空虚感""侮辱感"等，那这些都是情感吗？有人认为友情是人类基本情感中的一种，而爱情是友情中一个特殊的种类。另外，也有人主张爱国心也是情感的一种。

情感的构成要素

假设我走在路上碰到了露着锋利牙齿、低声吼叫的日本土佐犬，身体足有小牛一般大小。周围也没有人，并且我有被狗咬过的心理创伤，另外前天还看到了有人被猛犬咬伤的新闻。自然不用说，此刻我感到的是恐惧。这种典型的恐惧的构成要素是什么呢？首先，当然是"这只狗危险，这只狗会伤害我"等这些想法或者判断。这是智力要素。其次，也会有身体上的变化。当然不同的人在害怕的事物面前身体的变化会有所不同，但无论如何都会出现心脏快速跳动、口干、流汗等身体上的反应。我们自己也能感受到这些身体的变化。就好像感受到心脏"怦怦"跳动一样。现在，我在低声咆哮、做出攻击姿势的猛犬面前，做出"啊，危险"的判断，并感受到心脏快速地跳动。这是全部吗？我正在感到恐惧吗？通过经验来讲，我们知道在这里感受到的心脏跳动与另一种感觉有关。心里咯噔一下的感觉？毛骨悚然的感觉？大脑空白的感觉？胸闷的感觉？虽然很难用语言来形容是什么，但不管怎样，它跟幸福或者悲伤是不一样的，因此，只能称为"恐惧感"，与这种情况有关的某种感觉。这被称为"感受质（qualia）"，是指只有我懂的、在我心中发生的恐惧现象的感觉。这就是前面我们想要用"感觉（feeling）"一词称呼的东西。这些要素聚集在一起就是情感的状态。现在，喜欢追根究底的哲学家们又会有问题了。这些要素中更核心的东西是什么？

换句话说，让情感具有这种那种感觉（感受质或身体的变化）的是什么呢？是判断力还是信念等智力因素呢？直观的答案当然是前者。

感觉理论及对它的批判

美国心理学家、哲学家威廉·詹姆斯在 1884 年发表的论文中提出 "feeling theory of emotion"。在没有语境的情况下，听到这句话，我们会觉得毫无头绪，现在我们可以把这句话理解为 "情感的感觉理论"。也就是说，可以理解为用情感中的感觉来说明情感的理论。他说："如果把情感中的感觉除去，还有可以称为情感的东西吗？"

他认为，情感是在感知到诱发刺激的事实时，对即刻产生的身体变化的感觉。他说："失去不会直接诱发悲伤。身体变化应该是更先介入对事件的感知和情感之间的。"因此，根据他的说法，合理的解释为不是因为悲伤才哭，而是因为哭才感到悲伤，不是因为害怕而身体发抖，而是因为身体发抖而感到害怕。情感的核心是"我感受到的特定的感觉",这种想法是非常自然的。有幸福感觉的幸福感,有恐惧感觉的恐惧感,有因为悲伤感受到的悲伤感。理解特定情绪是什么的唯一方法就是去感受。这种感觉可能是我们前面提到的,心脏快速跳动的感觉,也可能是心脏咯噔一下的感觉。但是,这个理论有以下几个问题。第一个问题,仅凭感觉能分类出多少种情感。如果是上文中提及的基本感觉,如悲伤、快乐、愤怒、恐惧,用感觉将他们分类成不同的情感或许是可能的。但是,比如嫉妒的情感是怎样的?从感觉的角度,可以说这种情感和生气或者烦躁的时候是不一样的吗?再比如,羡慕和嫉妒之所以是两种不同的情感,是因为羡慕感受到的是 A 感受质,嫉妒感受到的是与 A 不同的 B 感受质。这种解释真的就合理吗?嫉妒中介入了对情感对象的某种负面的判断,而羡慕中没有介入这种判断。这种解释是不是更有道理呢?第二个问题,假设万一与情感相关的,身体感觉的状态被生物体产生的化学反应激发,举个例子,我出现了跟生气时一模一样的状态,具备了生气时所有的身体条件，像心脏快速跳动、体温上升等。那么，我是生气了吗？或许不是。如果没有让我生气的外部条件，我自己是不会说这是生气的状态的。我或许会问："这和生气的感觉一样，这到底是什么呢？"因此，真正的情感不仅需要内在的感觉状态，还需要把这种感觉与外部环境联结起来的桥梁。就像上一节结尾提到的那样，认知主义者认为，情感的核心不是感觉，而是判断或者信念等智力因素。他们主张，只有相信有人对我犯了错，我内心才能感受到"与生气一样的感觉"，这种感觉被定义为生气的情感状态。也就是说，不只需要感觉，还需要对感觉的解释。

认知主义对情感的理解

感觉理论的局限性在于，只告知了情感特征的一个重要因素。情感的意向性，即对于情感"与什么有关"的问题的答案应该是双重的。内心以特定的感觉体验到的，当然也是情感的内容。就好像红色被体验成红色一样。这被称为现象指向性。但是，同时这种感觉是朝着外部世界的。无论是愤怒还是恐惧，这些被激发出来的情感，都是我们对外部世界各种状况的反应。想一下我们是如何学习关于情感的词汇的。我们不就是通过"世界这样那样时的感觉"来学习的吗？也就是说，专注于发生的情境，而不是关注我们内心的感受。只用感觉来看待情感，会使我们遗漏情感的第二个内容，也就无法从所谓功能角度解释情感的理论。

认知主义可以解决感觉理论的这些问题。当然，认知主义者没有必要主张情感就是信任。除了身体变化的感觉以及现象指向性的感觉，情感状态还需要对实际或想象中的某种存在及情境的信念等智力因素。仅凭这一点，就会形成传统的对立格局，即合理的理性与不合理的情感，两者的对立格局。认知主义认为，与其说情感是一旦那样感觉到了，就无可奈何，不得不承认的，倒不如说情感是随着信念的变化而不断变化的。但如果过度采用认知主义，就会暴露出明显的难点。比如，如果产生情感需要给出判断或者相信这种状况的某种命题的话，那么没有语言能力的幼儿和动物，就会因为无法产生信任，而无法产生情感。小狗看到好久不见的主人会蹦蹦跳跳或者听到远处的雷声就爬到床底下，我们看到小狗的行动后，赋予小狗开心或者害怕等"心理"状态，好像也没什么大问题。但是，因为小狗没有语言能力，不能做出命题的判断，我们就说这种心情状态不是情感吗？另外，认知主义并不主张信念是产生情感的充分条件。即并不是只要相信有危险就会感到恐惧。比如，蹦极虽然很危险，但如果是完全没有想法和意图去尝试蹦极的人的话，即使相信蹦极危险，也不会产生恐惧情感。不相信认知主义的人们指出，"恐惧症"也就是病态恐惧，有可能成为反例。但是飞机恐惧或者有恐高症的人不会否认是恐惧的对象——飞机或者高处是危险的判断，所以无法成为反例。想要成为反例，必须完全不相信自己有危险，或者即使否定这种信念，也会产生恐惧。比如，土豆不可能对我造成伤害，我自己也明明相信，但依然会害怕土豆的状态。如果把这种状态看作恐惧的话，也就可以认为即使没有信念，也能产生情感。但真的是这样吗？认知主义者和其反对者对此可能会有不同的直觉。其反对者认为，对土豆的恐惧来自恐惧本身的情感，所以能够成为反例，认知主义者认为，在没有任何危险要素的情况下，产生的这种感觉不是情感上的恐惧，所以土豆恐惧只能解释为无法理解的不合理现象。然而不管怎样，谈论到这里，我们可以认为情感也具有一部分的合理性。但是，如果承认这一点，就会让我们对虚构对象的情感反应更加不合理。

虚构和情感，
不合理性和合理性

虚构的悖论结构

被称作"拉德福德拼图"的虚构的情感反应悖论，让认知主义者感到困惑。这个讨论最先开始于科林·拉德福德（Colin Radford）在 1975 年发表的论文《安娜·卡列尼娜的命运何以感动我们？》中，拉德福德在论文中提出了悖论的结构：

①我们相信安娜是虚构的、不存在的人物。

②我们对安娜持有什么样的情感呢？

③对于相信不存在的对象产生情感是不合理的。

让我们对某个客体产生怜悯之情吧！但是，如果我们知道了这个客休不是真实存在的，怜悯之情就会自然地消失。换句话说，如果你拥有了情感的客体是一种非客观存在的信念，是不可能持续对不存在的客体有情感的。或者说，即使可能，这就和前文举例的土豆恐惧和朋友害怕不存在的僵尸等情况一样，是无法理解的不合理现象。但是，这难道不是我们对安娜·卡列尼娜产生怜悯之情时发生的事情吗？我们坚信那个女人是现实中不存在的、虚构的人物。但同时，也不可否认我们对那个女人产生了怜悯之情。那么，和结论③一样，我们大部分人会因为虚构小说中主人公的命运引起情绪波动，并感到惋惜。这种时候，我们都抛弃了合理的人类形态。难道没有避开结论③的解释吗？

试图寻找答案，无可奈何的不合理性

对此，一个被人们长期认可的回答是"不信任的缓期"或"怀疑暂停状态（suspension of disbelief）"，

这就像一个专业的固定用语一样。也就是说，只有在读小说期间，我们动员自己的意志，让我们暂停怀疑、保留客体是虚构的信念。但是，从认识论的角度来看，这是值得怀疑的观点。因为，信念是意志无法控制的。这里所说的认识论意义上的信念（belief）不是宗教意义上的信念（faith），不是决定相信就相信的，而是只同意某种命题是事实的状态。并且，大部分的这种信任不是存在于我们的意识表面，而是以一种趋向性状态存在，在特定时机才体现出来。比如，现在让你写出你相信的命题，虽然大部分人可以一口气写几百个（我生活在首尔，今天星期二，我中午做了拌面吃，糖醋肉要蘸着酱汁吃才好吃等），但并不是所有人都意识到了这些事情。我不能控制这种信念在我心中的产生和消失，既然我中午吃了拌面，并且记得很清楚，即使我用意志让自己相信我中午吃了冷面，也不会产生"我中午吃了冷面"的信念。即使我下定决心让自己暂且不要相信我吃了拌面的事实，那样也行不通。恰巧满足条件，即使从我意识表面消失了，但它依然在我的信念目录中。安娜·卡列尼娜不是实际存在的人物，我的信念也是一样的。如果这个命题是真的，在读小说或看电影的时候，是不可能主动短暂维持这种信念的，像对待实际存在的人物、纪录片的主人公那样来对待安娜。因为这种理由就说我们的情感是不合理的，这种解释也未免有失妥当。

有人主张，虽然我们看起来是对虚构人物的安娜产生了情感，但实际上，客体是另外的东西：某种即使产生了情感也具有合理性的客体，我们可能对该客体产生了情感，如果是这样的话，那就能够否认悖论中的第②点。比如，虽然许秦豪导演的电影《天门》基本都是虚构的，但是对于这部电影我们产生的情感，是对实际人物世宗或"蒋英实"产生的情感，因此是有合理性的。同样，我们对电影《八月照相馆》中韩石圭扮演的正元产生的惋惜之情，实际上也是对通过那个人物联想到的现实存在的人物（患了绝症，过着有限人生的某个人）产生的情感，所以没什么奇怪的。如果想一下我们在看小说和电影的时候，也产生了很多次"我也是那样"的共情,这种主张也不完全是荒唐的。看失恋电影流泪,不是因为主人公可怜,而是为与主人公处境相似的自己的人生而感到惋惜。虽然"悲剧总能令我哭泣(Sad movies always make me cry)"是个借口,但事实上,我哭是因为在电影院亲眼看到了"红色的灯亮起,影片结束",而不是因为电影的内容。但如果仔细思考的话,这种解释也有些牵强。就算是我想起了现实中,像正元一样患了绝症、过着(或曾有过)有限人生的人。但是如果没有人能够想起现实中跟正元那样的人坠入爱河的人物,那我对沈银河扮演的"多琳"的情感,是对谁产生的呢?有一则新闻报道,一个孬夫折断燕子的腿,并泰然自若地折磨流浪猫。即使是我联想到新闻中的实际人物,我对于孬夫的愤怒,真正来自具体的这个客体吗?

根本不可能。我看电影所产生的情感的客体是电影中刻画的"正元"和"多琳",我愤怒的客体就是那个故事中的"孬夫",这似乎是很难否认的事实。否定结论②的另一个立场是，让我们感动的不是安娜，而是小说情节以及修辞等艺术手段。这个逻辑也可以用于解决悲剧和恐怖片的悖论。但是，如果前面的观察是事实，那么也适用于这里。也就是说，在孬夫折断燕子腿的故事中，我们生气的客体是孬夫，而不是作品的情节。在电影《大白鲨》中，导演利用音乐营造了高度紧张的氛围，在这种情况下，如果认为令我们害怕的是背景音乐，这种主张似乎有些奇怪。虽然音乐确实是营造恐怖感的艺术手段，但是我们害怕的客体应该是虚构的食人鲨，而不是音乐和电影情节。

在讨论了各种答案的可能性之后，虽然很不情愿，但我们只能接受拉德福德在1975年的论文中的结论③。"我们有不合理性。"但他补充道，这种不合理性是发生在我们生活中且无可奈何的事情，不是很消极的事情。他说，我们每个人都拥有的对死亡的恐惧，也是无可奈何的不合理性的事例。在走向死亡的过程中伴随着痛苦，我们可能害怕这些痛苦，但我们没有理由害怕死亡本身。

让我们想一个更轻松的例子吧。在棒球中，本垒打的击球手将球击到界杆附近，用整个身体自然地表达了不管怎样都要越过界杆的内界，成为本垒打的愿望。就好像用手势诱导球飞进内界或者倾斜身体或者像念咒语一样，对球说"进去吧！进去吧！"然后，曲线飞着的球，急转下旋，成为本垒打，或者掉落在栅栏前的球奋发越过围墙。当然，这些事情是绝对不可能发生的，但我们不得不做出这样的行为。这种程度的不合理性在日常生活中是可以容忍的。我们对虚构人物的情感反应，也可以看作这种程度的不合理性。最近，我妻子在看电视新闻和广告时，总会做出"真的吗""肯定不错"等对话式的反应，或许这也是拉德福德所允许的不合理性吧！

之后的答案

对于"拉德福德拼图"，比较有影响力的是沃尔顿的回答。沃尔顿提出的"以假为真（make-believe）"使得 20 世纪 90 年代以来的美学争议变得异常活跃。

他认为，我们的虚构欣赏惯例跟玩"扮假作真"游戏类似，比如骑竹马游戏和用泥土做绿豆煎饼的过家家游戏。我们看电影和小说的时候，就自发参与了假装游戏，相信"有人把这些内容作为事实在向我报告"。所以，他说我们在欣赏虚构的过程中产生的情感是以虚构为工具产生的"拟情感（pseudo）"，而不是真的情感。这个观点也否认了上述结论的第②点，也就是说我们对安娜的情感实际上不是情感，而是拟情感，也是在试图避开我们的行为是不合理的结论。"拟"一词很容易引起误会。很多人观看虚构故事时感受到的恐惧和现实的恐惧没什么两样，都会口干、手心出汗，怪物突然出现时会尖叫、会闭上眼睛。有人就提出了反对意见，如果是这样的话，不可能是拟情感。但沃尔顿的分析只是概念性的。我们认为，在比较对虚构的情感反应和实际的情感反应时，应该有所不同吧！对此，沃尔顿给出了多少有些荒唐的回答，"游戏过程中产生的情感来自虚构，在这点上不同"。如果用沃尔顿的方式来理解的话，我知道自己在自主地参加那个游戏，即使我会产生和实际恐惧类似的现象指向性的感受，但我不会为了躲避怪物藏在剧场的椅子底下，也不会对周围的人大喊"快跑"，这一点具有决定性的不同。只是在现象上感觉像情感，它不像现实中的情感还担当着激发我们行动的角色，所以游戏中的情感不符合情感的概念，不可能是情感，所以只能叫作"拟情感"。但是，像沃尔顿一样把同样的现象看作"拟情感不能够激发行动的现象"，倒不如看作"因为电影中的怪物不会诱发真的恐惧，了解电影套路的我们防止恐惧诱发行动的现象"。因此，沃尔顿的"拟情感"理论还有讨论的余地。更何况，对好奇虚构的怪物为什么会让人产生一模一样的恐惧感的人们，不是告诉他们因果报应，而是回答他们，即使产生那种感觉，在概念上也不符合情感定义，这个答案难道不是正好没有回答他们最好奇的部分吗？有可能会引起不满。对于"拉德福德拼图"，卡罗尔也提出了自己的观点，他认为构成情感的智力要素不只有感觉。反而对我们理解虚构的情感反应有意义的不是信念，而是"想法"。

如果说，内心接受断言的命题是真命题的状态称作信念的话，那么命题在脑海中浮现这种可以被称为想法。虽然我们会理解某种命题，但是我们有时处于克制接受这种命题的状态。在我们想象或假设命题内容的时候会出现这种情况。卡罗尔说，虚构只不过是让欣赏者"在断言之前，再思考下这些命题"。此时，未断言的内心命题的智力构成要素——"想法"承担着激发情感的作用。这种主张不过是提出"仅凭想法，情感就能被触发"，而这是我们所有人都知道的常识。暂且不说如何解释原因，仅凭想法触发情感的例子无论是在我们生活中，还是在电影院中，都不会涉及是否合理的问题。并且，这种解释好像是拉德福德考虑之后放弃的答案。

我们都知道仅凭想象就可以触发某种情感。完全有可能女儿想到海外旅行的父母时，只是想一下他们乘坐的飞机发生事故，就会感到害怕，难过得全身发抖。那件事情还没有发生，女儿害怕那小小的可能性变成现实，这没什么不合理的。但是，如果女儿眼泪汪汪地对完全没有旅行计划，在旁边客厅安静休息的父母说："妈妈，爸爸我想象了你们去旅行，但是你们乘坐的飞机坠毁了，因为想到了这些，我就很难过，都掉眼泪了。"父母听到这话会是什么反应呢？或许父母会有耐心地说："孩子，谢谢你这么担心我们。"在女儿回自己的房间后，父母很可能会说："该拿她怎么办呢？"这个女儿的行为是不合理的。正如拉德福德所说，哥哥对结婚后留下 6 个子女，过着忙碌、和睦生活的弟弟说："如果他一个孩子都没有该多孤单啊！"对此感到惋惜的哥哥的反应又是怎样呢？问题是，这种令人惊讶又不合理的反应，与我们对虚构的情感反应实在是太像了。也就是说，即使仅凭想法和想象就能触发情感，但是如果那件事本身在实际的生活中就是不合理的话，对于改变我们对虚构的情感反应是不合理的结论好像也没有帮助。但是尽管存在这样的反对观点，最近的讨论表明，只要以情感的智力要素不是信念而是想法作为主张的基本理念，不断推敲，就有解开"拉德福德拼图"的希望。虽然在这里很难再继续讨论，耶西·普林斯（Jesse Prinz）提出把情感看作"停滞的评价（embodied appraisal）"，这一理论也被作为"想法为什么能够引起情感"这个疑问的一个答案。

恐惧的悖论

恐怖哲学

现在，让我们回到第四章的出发点——恐怖片的悖论。我们为什么会追求负面的情感，这个问题需要一个合理的解释。也有人把这种现象描述为，是一种"悲伤和恐惧等不快乐可以带来快乐的情况"，如果这种观点成立的话，这个问题就更像是个谜。到底怎样才能使不快乐带来快乐呢？

卡罗尔引起学术界关注的第一本著作是20世纪90年代出版的《恐怖哲学》。卡罗尔是一个B级电影狂，他把经典怪兽电影《金刚》看了50多遍，小时候经常被指责在恐怖电影上面浪费太多时间。他还开玩笑说就是为了证明自己小时候不是浪费时间，才写了这本书。对于非常关注与艺术相关的日常情感的卡罗尔来说，恐怖片是非常有魅力的素材。在这本书中，卡罗尔把分析了悲剧效果和达成悲剧效果的必需要素的亚里士多德作为榜样，探讨了恐怖电影（他自己命名为"艺术恐怖"）的定义和典型情节等。

这种题材的特征是什么呢？与讲述恐怖的文学理论和精神分析学争论的内容相比，卡罗尔的研究方式有些沉闷。比如，精神分析学者会把恐怖片中出现的怪物看作根据社会规则"被压制的东西又重新回来"的征兆，或者作品中的恐惧对象是我们心中已经存在的恐惧。也会讨论我们把这些看作驯服或者迫害的"非正常"或者"击球者"的视角。例如，对他们来讲恐怖片本身就是哲学性的。但是，卡罗尔标榜"恐怖的哲学"而不是"用恐怖来进行哲学"，他提出了恐怖哲学的几个构成条件，并从定义它们开始。对于艺术，也是可以区分"××的哲学"和"××哲学"，英美分析美学把对艺术这个客体的好奇心标榜为"艺术的哲学"，而欧洲大陆的哲学家们认为凡·高、贝拉斯克斯、弗朗西斯、培根等的作品通过"用艺术来进行哲学"这种有魅力的方式来展现了哲学。

为了理解恐怖片，卡罗尔关注的是恐怖片的情感效果。他把恐怖题材定义为有怪物出现的虚构的叙事。此刻的怪物，被设计成通过它潜在的威胁和不纯种形象，让观赏者产生恐惧感、厌恶感、不安感等错综复杂的情感反应（这个反应应该也是直面怪物的作品主人公的情感反应）的形象，这是怪物的特征。

此处的不纯种是指"间种、范畴性矛盾、没有形体的东西"，它不属于任何一个范围。比如昆虫人类，像人一样智能行动的动植物等。僵尸、幽灵、复活的木乃伊等违反了"生与死"的范畴区分，恶灵附体的人，因为一个人的身体中有两个人格，所以也可以看作违反范畴的事物。他们不仅恐怖，而且是引起厌恶感的存在。

关于悖论的解释

卡罗尔对恐怖片的悖论是如何解释的呢？有必要先看一下休谟的传统答案，因为卡罗尔最终也是利用了他们的洞察。对于这个问题，休谟认为带来悲伤的对象（悲伤的源头）和带来快乐的对象是不一样的，所以没必要看成悖论。这跟前面提到的，对虚构对象的情感实际上是对作品其他艺术手段的情感这一观点类似。比如，在悲伤的演讲中，你感到的快乐来自优秀的修辞表达方式。在悲剧中，情节起到了带来快乐的作用。悲剧的情节本身具有动力，那种一旦开始，就必须以某种方式进行下去的动力。休谟解释说，如果进行得令人满意，那么尽管是悲剧的内容，但我们仍然可以从中感受到快乐。此外，休谟还主张："对实际对象产生的情感虽然是痛苦的，但如果在艺术中得到缓解，就会感到快乐。"但事实上，卡罗尔也曾提出过类似观点，这部分内容很难对答案有所贡献。关于为什么会那样才是我们真正好奇的部分。

与休谟同时期的女性作家安娜·巴勃尔德（Anna

Laetitia Barbauld，结婚前叫安娜·艾金）与其既是医生又是作家的弟弟约翰·艾金共同撰写了《论恐怖对象带来的快乐》，卡罗尔引用了这篇文章，他们认为因为紧张感一旦开始就一定会被缓解，我们为了实现这个欲望，忍受这个过程中情感上的不舒服感。虽然卡罗尔并没有完全接受他们的观点，但卡罗尔主张，在基本都是依存叙事的现代恐怖片中，我们获得的快乐是从"叙事"中来的。而这个主张基本上和他们是一致的。卡罗尔认为典型的恐怖片情节的核心是吸引欣赏者往后看的"好奇心"。根据卡罗尔的观点，违反文学标准的怪物的出现以及随着怪物出现的情节一旦展开，我们"想要知道的欲望"就被启动了。所以很多恐怖片的情节都花费在了解怪物的存在和性格上。比如《大白鲨》《异形》《午夜凶铃》等，代表性的电影数不胜数。卡罗尔说，从这种意义上来讲，恐怖片和警匪电影虽然相似，但不同点是恐怖片的对象是我们知识范畴以外的东西。虽然没有公开，但我们对自然存在的对象（警匪电影的犯罪者）和自然中不可能存在的（恐怖片中的怪物）对象的好奇心是不一样的。最终，卡罗尔得出结论，认为"恐怖片的乐趣"是通过电影情节，发现、证明并确认某种东西的过程中带来的认知上的快乐。

因此，也就不存在"怎么会喜欢恐怖片呢"这样的疑问。恐惧或厌恶等不快乐是伴随着发现未知快乐的过程的。这种回答方式一般称为"再描述（re-description）"战略。也就是用非悖论的方式重新叙述现存悖论的情况。

对卡罗尔的批判

根据卡罗尔的观点，我们是喜欢快感的，所以也就没有矛盾和悖论。可以定义为不快感的恐惧来自怪物，但是快乐却来自智力层面好奇心的满足。这种主张有多少妥当之处呢？卡罗尔自己提出了一个反驳观点"有可能恐怖片中没有叙事，即使有，也不是发现类的叙事"。对此，卡罗尔的回答是，即使恐怖片中没有叙事，间种怪物一定会出现的，怪物本身就是中间品种，本身就是引起人好奇心的存在，不只是情节，我们对对象本身也会产生好奇心。但是这种回答不能令人满意。如果存在没有怪物出现的恐怖片怎么办？高特疑惑卡罗尔将怎么处理没有发现类情节也没有怪物的恐怖片，比如出现连环杀人犯的电影。把怪物的意义隐喻性扩张，把连环杀人犯说成和怪物一样的间种，这种说法是毫无道理的。因为连环杀人犯只是邪恶而已，并不是违反范畴的情况，也不是像怪物一样外表让人厌恶的对象。然而，高特提出了以下反驳观点。恐怖片的情节大部分是遵循题材套路的、千篇一律的。如果按照卡罗尔的主张，快乐来自好奇心的满足，在这个过程中我们也承受着不快感，那么这种可预测的发展情节能带来与承受的不快感相同程度的快乐吗？我认为这是一个相当致命的反驳观点。

最后，我们再来思考下面这个反对观点。观众在看完恐怖电影之后对电影不怎么满意的情况下，按照卡罗尔的观点，观众一定会评价电影情节等为了满足好奇心而使用的艺术手段不健全。但一定是那样的吗？如果是恐怖片迷，电影不像自己期待的那样恐怖，那么他就会以这个理由给电影评价为不满意。只有让他们真的感到非常害怕，他们才会满意，那就是说对于他们来说不是来自恐惧、快乐，而是其他部分。这种解释是否合理让人怀疑。

转换理论，补偿理论，控制理论

让我们来整理一下，关于喜欢给人带来负面情绪的艺术的悖论现象的其他几个解释。大部分解释都默认有一个前提条件，就是负面情绪带来不快乐的事实，以及只有带来快乐的东西我们才会喜欢。在这种前提下，解释的方法只能是不快乐转换为快乐（转换理论），快乐的总量大于不快乐的总量，不快乐被抵消（补偿理论）。但是，主张在艺术中这种转换理论是有可能的观点的亚里士多德和休谟等理论家也没有对如何变得可能给出解释。如今即使是尝试，也会很难给出一个好的解释。前面提到的卡罗尔的主张，是典型的补偿理论，问题正如我们看到的那样。能够称为补偿理论的是苏珊·菲金的"元反应"理论。菲金关注的点在于怜悯等情感，虽然这是伴随着痛苦的反应，但是我对于这种反应的元反应带来了伴随快乐的满足感。换句话说，我看到一个处于可怜境地的某个人，会以怜悯这种痛苦的情感做出反应，这个反应虽然是痛苦的，但我是一个能做出这种痛苦反应的人的事实，让我获得道德上的满足感，这个补偿让我欣然承受痛苦。用艺术来讲，悲剧让我心如刀绞，产生怜悯之情，这给我带来了安慰，因为我还活得像个人。但是，适用于怜悯的这种解释是否适用于恐惧，是令人怀疑的。

认为喜欢负面情绪不是悖论的人会反问，喜欢体验攀岩和坐过山车等方式带来害怕的感受的话，那在这里什么是悖论呢？人们只是有时喜欢恐惧。当然像卡罗尔这样的认知主义者会说："'那么就那样'这种话太说不过去了，就像他自己尝试的那样把情况叙述得'说得过去'才行啊。"对于过山车，卡罗尔可能会主张我们喜欢的不是恐惧而是其他的什么东西。即使不是卡罗尔，提出"到底如何'就那样'享受恐惧"的疑问好像也很正常。作为对此的一个解释，有一个学派重新定义了负面的情绪这个词。他们认为情感是负面的是因为情感的客体是不快乐的而非感觉本身是不快乐的。也就是说，他们认为怪物或从高处坠落等这种恐惧的客体是不快乐的，而且以这种理由将恐惧归类为负面情绪，但恐惧的感觉没有必要一定是不快乐的，所以从某种角度来讲，也是可以享受这种感觉的。另一个学派提出"控制理论（control）"，也就是说，攀岩和坐过山车带来的害怕感受都是我们能控制的，让痛苦不越过界限。那么在这种情况下，"恐惧"事实上可能就不是"负面的情感"，即"想要逃避的情感"。恐怖电影或惊悚小说的恐惧当然也在我们的控制范围之内，因此根据这个解释，在虚构中感受到的恐惧，与实际的恐惧不同，可以说是从一开始就不属于负面情感范畴的恐惧。

关于恐怖片的悖论的解释仍在争论过程中，因此没有理由选择他们中的任何一个作为最终答案。正在进行中的所有讨论都是为了帮助人们更好地理解这个领域，这个领域相对于我们已知的虚构、想象、情感等主题，未知的需要我们了解的东西更多。另外，这种新的理解将会告诉我们如何克服之前讨论的补偿理论等的局限性的对策方向。但其中值得提及的一个方案是，干脆放弃以快乐为前提的接近方案。史末资（Smuts）提出了一种常识性主张，即使不是快乐，如果用其他的方式参与到有价值的、丰富的经验中能够获得补偿的话，那么体验能够让人产生负面情感的作品就不是悖论。特别是，丰富经验论不仅能够解释我们喜欢恐怖片的行为，还能够从动机角度回答"最开始我们为什么会选择体验引起我们负面情感的作品"，因此这个主张更受欢迎。如果考虑到现代很多艺术都被叫作"让人不舒服的艺术"的话，从悲剧和恐怖片悖论出发的问题，可以扩展适用于整个艺术领域。另外，如果说对于它似乎有道理的解释是"丰富经验"论的话，那这可能会引发"我们能从艺术中学到什么"等关于艺术认知价值性质的讨论。为此，我们有必要对艺术给予的知识的性质进行考察。

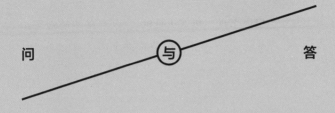

問 与 答

这本书中提到的"虚构"
准确来说指什么？

　　虚构，英文单词是"fiction"，这虽然是指不是事实的一般名词，但更具体地说，也指"虚构故事"或"编造故事"的小说。把事实不使用虚构手段如实记录并传达出来的报告或纪录片，被认为"不是虚构"，被叫作"纪实文学"，而与此形成对比的就叫作虚构（fiction）。与此相对应，用韩语来说就是也许不是"虚构"。因为我们不把虚构作为一种艺术题材。从那个角度上来看，非得要找一个的话，那就是"小说"。最近法务部部长在国会上说"您写小说呢"，他想传达的意思就是这个。部长也许不是想单纯地指出对方的话不是事实，比起单纯地指明是"谎言"，好像更想指明其他的事情。但是，虚构不只是指小说。比如，电影等也都是虚构。"science fiction（SF）"虽然被叫作科幻小说，但"SF电影"就直接被称为"科幻电影"，并未提及小说。因此，在此我们说的"虚构"指的是作为艺术题材的虚构。《哈利·波特》《霍比特》等运用想象力制作的叙事结构和再现性内容都是虚构的。可以说我们熟悉的艺术都是艺术题材的虚构。但是，虚构并不只指荒诞无稽的故事。亚里士多德认为作为题材的虚构（他称为悲剧）的特点是"即使是没有发生的事情，好像可能会发生"。因此，虽然悲剧是编造出来的，但具有帮助寻找"普遍性"的价值，从这点来看，比"只能如实记录已发生的事情的历史"更为重要。从这个意义上来讲，想象力介入的虚构，最终指的是艺术的核心。

艺术的认知价值是什么？

认知价值是以欣赏作品的结果来重新认识、学习或者领悟到某种东西的价值。从支持艺术的独立性和自由性的角度，有警惕艺术成为传播知识的手段，拒绝这种认知价值成为艺术的固有价值的倾向性。当然，如果把认知价值的标准看作命题性知识的话，也就是说把欣赏作品的结果当作某种命题，相信这种命题是事实才能获得知识的话，那么这种拒绝在某种程度上是妥当的。因为即使小说《南汉山城》告诉了我们关于丙子胡乱的历史史实的知识，电影《星际穿越》告诉我们有关天体物理的科学知识，但这也不会

是作品作为艺术的价值。但是，也可以主张
艺术欣赏在大多数情况下传达给我们的是很
难还原为命题的"非命题性知识"。对于如何
做某件事的知识，对于处于什么处境是什么
感觉的知识等，都是通过体验可以获得的非
命题知识。即使把这样获得的知识作为命题
一一进行叙述，还是有一些未被包含在其中
的感悟和洞察，就是那种知识。

后　记

眺望美和艺术的感性哲学

乍一看美和艺术好像有着密切的关系，但二者明明就是两个不同的主题。为什么美学这一门学问能够涉及这两个主题呢？原因有很多，但是判断我们内在的审美能力和创造、欣赏艺术的能力或许是一样的，这种想法起到了重要作用。那种能力被称为感性。感性是指除了被称为知性（理性、合理性）以外的领域。传统观点认为，我们之所以为人是因为我们所拥有的合理性，这并不意味着现如今就是不同的看法。但是，同时对理性以外的人类能力的好奇心和期待比任何时候都强烈，这也是现如今的状态。反而给人一种"人类"的标准随着规定在变化的印象。虽然感性管理着想象力、非知性的直觉和洞察力、奇特的创意能力等较为高雅的能力，但是它其中也包含着情感、欲望、冲动、本能等较为粗俗的东西。也就是与人类"下半身界限"相近的东西。面对还不知道是什么的东西，先给它起名字，定义它的范围，建起思维的框架，这就是哲学做的事情，目前未知的领域更多的是感性也是哲学的研究对象。相信自己的源头来自感性的艺术，越是到现代，越是频繁触动人类的下半身界限。性欲、扭曲的幽默、怜悯和恐惧等情感。如果问到是否也应该对这一部分进行研究，那么站出来负责的学问就是美学。因此，美和艺术的哲学美学也是感性的哲学。而且可以说，这是最大限度地、合理地思考不合理的事情。

读完这本书也是那种尝试之一，非常感谢您的阅读。